Wilhelm von Scherff

Studien zur neuen Infanterietaktik

Die taktischen Formen

Wilhelm von Scherff

Studien zur neuen Infanterietaktik
Die taktischen Formen

ISBN/EAN: 9783743496071

Hergestellt in Europa, USA, Kanada, Australien, Japan

Cover: Foto ©ninafisch / pixelio.de

Manufactured and distributed by brebook publishing software
(www.brebook.com)

Wilhelm von Scherff

Studien zur neuen Infanterietaktik

STUDIEN ZUR NEUEN INFANTERIE-TAKTIK: ¬DIE TAKTISCHEN...

Wilhelm von Scherff

Einleitung.

Die allgemeine Einführung der gezogenen Handfeuerwaffen, bald gefolgt von der der gezogenen Geschütze, hat in den letzten anderthalb Dezennien — etwa seit dem Krimmkriege — der taktischen Litteratur aller europäischen Armeen einen gegen die vorhergegangene Periode sehr veränderten Charakter aufgedrückt und die großen in dieser Zeit geführten Kriege haben zu diesem Resultate nur noch verschärfend beigetragen.

Waren bis zu dem angedeuteten Zeitpunkt die taktischen Schriften fast ausnahmslos nur Lehrbücher gewesen, bestimmt, ihren Lesern die großen nun einmal feststehenden Grundsätze des modernen Truppengebrauchs in oft meisterhafter Weise darzulegen und zum praktischen Verständniß zu bringen; so wurden sie nunmehr — und sind bis heutigen Tag — meist mehr oder weniger geistreiche Streitschriften, welche die Frage nach der durch die neuen Waffen nothwendig erscheinenden Veränderung der Taktik nicht immer in ganz objectiver Weise ventilirten.

Um zwei Fragen concentrirte sich dabei im großen Ganzen die Debatte:

> welchen Einfluß übt die neue Bewaffnung auf die Wahl der taktischen Form überhaupt? (Offensive, Defensive);

welchen auf die Durchführung dieser Form? (Elementartaktik, Reglement).

Sind in Bezug auf die erste dieser Fragen die Ansichten auch jetzt so ziemlich geklärt, ja nahezu einig, so hat dagegen auch selbst der letzte deutsch-französische Krieg noch nicht vermocht, die zweite definitiv zu lösen.

Theoretische Abhandlungen und praktische Versuche stehen mit Bezug auf die Elementartaktik namentlich der Infanterie noch überall auf der Tagesordnung und suchen nach einer endgültigen Formel.

Die Nothwendigkeit, eine solche zu finden hat der Krieg von 1870/71 eclatanter zum Bewußtsein Aller gebracht, als man vor demselben vielleicht geneigt war, anzunehmen.

Die preußische Kompagniecolonnentaktik hat in demselben als der bis jetzt vollkommenste Ausdruck für die veränderten Anforderungen der Taktik, ihre Triumpfe gefeiert. Aber gerade in der preußisch-deutschen Armee wiederum hat sich auch am klarsten die Ueberzeugung Bahn gebrochen:

1) daß das seither in dieser Richtung Geleistete doch noch nicht das absolut Erschöpfende der Frage sei und

2) daß man die erlangten Erfolge wesentlich der von langer Hand existirenden Friedensvertrautheit mit dieser Form verdanke; daraus sich ergebend:

3) daß die gegenwärtige — wer weiß wie lange — Friedensmuße benutzt werden müsse, der Infanterietaktik eine auf die Kriegserfahrung gestützte, feste Basis zu geben; geeignet mehr, als das bisher der Fall war: die Exercierplatz-Gewohnheit auf das Schlachtfeld übertragen zu können und weniger als das bisher der Fall war, auf die — wenn auch seither noch überall bewährte — persönliche Inspiration der Unterführer angewiesen zu sein.

Die Friedensschule — das wird Niemand mehr verkennen, ist es, welche einer Armee den nothwendigen Kitt gibt, um die enorme Friction des Schlachtfeldes zu überwinden. Die gewohnte Form ist es, welche dem stehenden Heer die colossale Ueberlegenheit über den Dilettantismus der „Aufgebote" gibt.

Je einfacher, klarer, unwandelbarer die einmal adoptirte Kampfform ist, desto besser für die Verhältnisse im Großen und Kleinen: sie wird der persönlichen Selbstständigkeit, der Genialität des Einzelnen niemals störend in den Weg treten — es sei denn freilich, daß sie selbst auf falschen Basen erbaut ist — aber sie wird, wo beide im Mindermaaß vorhanden sind, — ein Fall der sich doch wohl ereignen kann — ein kräftiger Helfer in der Noth des überwältigenden Augenblicks, sich erweisen.

Diese feste Form zu finden, scheint die gegenwärtige Zeit einige günstige Chancen zu bieten.

Mit der wohl bald Allgemeingut aller Armeen werdenden Einführung von gezogenen Hinterlader-Gewehren und Geschützen kann die Aera der Fortschritte in der Feuerwaffentechnik wohl im Allgemeinen als für die nächsten Zeiten abgeschlossen betrachtet werden. Trotz immerhin denkbarer Vervollkommnungen kann sich doch die Speculation vorläufig als gesichert erachten, gegen plötzliche, überraschende, ganz neue, das Seitherige alterirende Erscheinungen, wie es seinerzeit die gezogenen Geschütze oder die Hinterlader waren. Auch Magazingewehr und Shrapnel bringen mindestens nichts Unerwartetes mehr. Andererseits reicht die Praxis eines großen mit den besten neuen Waffensystemen geführten, an Gefechtsbeispielen überreichen Krieges der Theorie die so nothwendige Hand zum Bunde.

Um nun diesem für nothwendig und möglich erkannten Werke vorzuarbeiten — nicht um es selbst zu vollbringen — ist die nachfolgende Studie entstanden.

Auf dem wohl allseits als erschöpft zu betrachtenden theoretischen Material und auf den praktischen Beispielen der letzten großen Kriege aufgebaut, soll sie dem Leser die entscheidenden Fragen urtheilsgerecht legen, ohne jedoch selbst dabei auf das eigene Urtheil und die eigene Kritik zu verzichten.

Sie wird nacheinander und so weit es heute nothwendig erscheint, den beiden oben berührten Hauptfragen näher treten.

Erstes Kapitel.

Offensive und Defensive.

Jede Vervollkommnung der Schußwaffen ruft in erster Linie das Gefühl wach, daß dadurch der Defensive ein Zuwachs an Kraft gewonnen sei. Das ist um so naturgemäßer, als ja eine reine Defensive im freien Felde erst durch die Schußwaffe resp. die Erfindung des Pulvers überhaupt möglich gemacht worden ist. Vor jener Periode waren die Kämpfe entweder Recontreschlachten oder sie zeigten den Vertheidiger auf ein weit über das heutige Maaß hinausgehende Anwendung von fortifikatorischen Hülfsmitteln angewiesen.

Defensive und Schußwaffe sind ebenso verwandte Begriffe als Offensive und blanke Waffe; beide können nicht recht ohne die andere gedacht werden.

Je besser die Schußwaffe, desto stärker die Defensive! ist daher ein Satz, dessen Richtigkeit seit Allgemeinwerden der Schuß=waffen stets seinen Einfluß auf die Kriegführung geübt und auch jetzt nicht ganz verloren hat.

So geschah es nach dem Krimmkriege, wo die gezogenen, so nach dem böhmischen Kriege, wo die Hinterladungs=Gewehre ihre Kriegsprobe abgelegt. Jedesmal erhob die Theorie ihre Stimme sehr laut zu Gunsten einer principiellen Defensive und nach den Buchtaktikern von damals hätte der Krieg von 1870/71 zu einer der schönsten Blüthen jener Lineartaktik sich gestalten müssen, wo bekanntlich die Kunst des Schlagens, sich in die des Nichtgeschlagen=werdens verflüchtigte.

Auffallender Weise fand die Abstraction dieser Theorie aus der „letzten" Kriegserfahrung jedesmal auf indirectem Wege statt d. h. die neue Waffe war in beiden Feldzügen offensiv-siegreich gewesen, trotzdem aber sollte sie der Defensive mehr Kraft verleihen. Daß 1859 das gezogene östreichische Gewehr sich in der Defensive nicht gegen das meist noch glatte französische behauptet hatte, ward auf die französischen gezogenen Geschütze geschoben. Gezogene Gewehre und gezogene Geschütze aber mußten unfehlbar die Defensive unüberwindlich machen.

Es ist eine eigenthümliche und interessante Erscheinung, daß zu einer Zeit, als diese Defensiv-Theorien sich in der Litteratur und auch sonst, noch einer ziemlich allgemeinen Anerkennung zu erfreuen hatten, im Jahre 1866 die Oesterreicher davon nichts wissen wollten und sich, Naturell und Tradition verläugnend, zunächst in eine fast fanatische Offensive warfen — um überall geschlagen zu werden; und daß als umgekehrt schon vielfach Stimmen sich gegen jene einseitige Theorie erhoben, sie verworfen hatten, im Jahre 1870 die Franzosen umgekehrt Naturell und Tradition abstreifend, einer systematischen Defensive fröhnten — um gleichfalls überall geschlagen zu werden!

Schon diese auffallenden Widersprüche weisen darauf hin, daß die Formel vom „sichern Schuß" nicht die entscheidende ist, wenn über den absoluten Werth der einen oder andern taktischen Form entschieden werden soll.

In der That hatte sich denn auch schon ziemlich bald nach dem ersten Schreck, wenn man so sagen kann, welchen die Verallgemeinerung der gezogenen Waffen hervorgerufen, die Kritik ermannt und war namentlich an der Hand der 1859er Erfahrungen, der absoluten Defensivtheorie mit dem Argument entgegengetreten, daß nicht sowohl die Treffsicherheit an sich, als vielmehr nur die Rasanz der neuen Waffen der Defensive wirklich erfolgreich zu Hülfe käme. Was dann die Hinterlader anging, so ward schon vor 1866 behauptet, daß ihre Feuerraschheit dem Offensivgebrauch mindestens ebensosehr zu Gute käme als der Defensive. In der That, je transportabler, beweglicher, handlicher, raschfeuernder eine Schußwaffe wird, desto mehr wird sie auch dem Angreifer zu Nutzen kommen, welcher ja grundsätzlich auf die der Schußwaffe allerdings widernatürliche

Bewegung angewiesen ist. Die Entwickelung der Artillerie aus dem Positionsgeschütz zu ihrer heutigen Höhe gibt dafür ein Bild, wie die raschfeuernde friederizianische Offensivinfanterie ein Beispiel.

So erwuchs denn schon aus der **reintechnischen** Seite der Frage der defensiven Prinzipienreiterei ein sehr entschiedener Widerspruch. Ist es nothwendig die **entscheidende moralische** Seite ausführlich zu berühren?

Nach 1870, 1866, nach der ganzen preußischen Geschichte wohl kaum.

Es könnte überhaupt überflüssig erschienen sein, **heute und bei uns**, die Frage noch berührt zu haben! So fest steht momentan die Theorie vom Uebergewicht der Offensive, daß ein Rückschlag wohl so leicht nicht zu befürchten ist.

Und doch, die Zeit der Zweifler ist auch bei uns noch nicht sehr lange vorüber; ein einziger — ja immerhin doch möglicher — Mißerfolg der prinzipiellen Offensive wird alsbald, dem kritischen Naturell des Deutschen ganz entsprechend, die Theoretiker wieder wachrufen, die „aus der Natur der Waffe heraus" ihre kaltgestellten „Beweise" wieder vorbringen werden.

Das freilich könnte uns am Ende hier doch noch gleichgültig lassen, wenn nicht die einmal in der taktischen Litteratur angeregte Frage: ob Defensive, ob Offensive? zu einer andern taktischen Unterscheidungsfrage geführt hätte, welche für die Ausbildungsgrundsätze unserer Infanterie vielleicht nicht minder wichtig ist, als jene.

Die allseits bekannten Lehrdefinitionen erklären den „Sieg" als das erstrebte Ziel jedes „Kampfes"; sie constatiren ziemlich ausnahmslos als einziges „Mittel zum Sieg", die „Offensive"; sie erläutern die „Defensive" als „Regirung des Sieges" welche, wenn sie selbst entscheidenden Sieg erringen will, „aus sich herausgehen", offensiv werden muß. Wir kommen auf diesem Wege zu dem Endresultat:

> daß eine **Entscheidung** nur möglich ist durch die **Offensive von Hause aus**, oder die Offensive nach glücklich durchgeführter Defensive!

Gelten diese Sätze auch in erster Linie und absolut nur für die strategische Seite des Kampfes, so haben sie doch auch in taktischer Hinsicht unbedingt den Werth eines Prinzips! Ein blos mit taktischer Abwehr errungener Sieg ohne Nachstoß und Verfolgung, welcher den Gegner nur zum Rückzuge zwingt, wird nie die Entscheidung des Feldzuges involviren, höchstens dieses Ziel günstig einleiten!

Das Streben jeder Schlacht aber muß es sein, selbst die Entscheidung zu bringen, die nur in der taktischen Vernichtung des Gegners zu finden ist.

Wir werden daher bei Gelegenheit der Studien über die taktischen Formen auch auf die Grundbedingungen und Chancen dieser beiden einzigen Möglichkeiten zum Siege zurückkommen müssen.

Nun gibt es aber im Kriege neben jenen Entscheidungskämpfen, eine ganze Reihe von Engagements d. h. von Gelegenheiten des Waffengebrauchs gegen einander, wo der eine oder auch beide Theile keine Entscheidung, keinen Sieg im Sinne des definitiven Niederwerfens des Gegners sucht; wo der Besitz eines gewissen Terrainpunktes oder Abschnittes an sich oder ein gewisser Zeitgewinn wichtiger ist, als der dabei dem Feinde zuzufügende persönliche Verlust.

Diese Engagements sind natürlich in ihrer äußeren Form immer defensiver oder offensiver Art, nie aber Defensive oder Offensive selbst in dem Sinne, wie diese Begriffe mit Bezug auf eine Entscheidung gebraucht werden.

Daraus aber folgt auch, daß die Verwendung der Truppen für den einen oder andern Zweck eine verschiedene sein muß und daß somit auch die Formen der einen Tendenz sich nicht durchweg mit den Formen der andern decken können.

Im Interesse einer klaren Friedensinstruktion, nach der ja hier gestrebt wird, scheint es also zu liegen, in Theorie und Praxis die Unterscheidung zwischen:

    entscheidungsuchendem und nichtentscheidungsuchendem (nennen wir es vorläufig „hinhaltendem") Gefecht mehr als seither zu betonen.

Erst für das entscheidungsuchende Gefecht tritt dann die weitere Frage, ob offensiv oder defensiv hervor, und abermals wird hier in Theorie und Praxis der Ton darauf zu legen sein, daß es eine Defensive ohne daraus zu entwickelnde Offensive nicht gibt, nicht geben darf.

Das gäbe dann die Basis ab, auf welcher die Details einer gesunden, modernen Infanterietaktik fußen müßten, eine Basis, welche in die Form einer „Gefechtsanleitung" umgegossen, etwa folgende Grundsätze aufstellen würde:

1) Jeder selbstständige Führer, welcher sich dem Feinde gegenüber befindet, hat sich zunächst die Frage zu beantworten: ob er es auf eine Entscheidung ankommen lassen kann oder muß — oder nicht? (ob er stark genug? wie die allgemeine Kriegslage? ob vor ihm andere Truppen engagirt, oder auf ihn warten u. s. w.). — ob er durch ein hinhaltendes Gefecht günstigere Chancen gewinnen kann oder nicht? (Verstärkungen erwarten, den Feind täuschen, bessere Einsicht gewinnen kann?)

2) muß er sich beide Fragen verneinen, so hat er möglichst jedes Engagement zu vermeiden resp. abzubrechen.

3) Kann er sich für die Annahme eines Enscheidungskampfes entschließen, so hat er denselben prinzipiell offensiv zu führen; kann er auch ohne momentan selbst für den Entscheidungskampf stark genug zu sein, auf spätere genügende Verstärkung rechnen, so hat er den hinhaltenden Kampf möglichst so zu führen, daß er dem Feinde die Initiative zur Offensive entreißt, indem er selbst mit derselben droht! (s. hinhaltendes Gefecht!)

4) Nur unter gewissen Ausnahmsfällen oder wenn das Terrain ganz besonders dazu auffordert, mag er den Entscheidungskampf in einer anfänglichen Defensivstellung annehmen.

Betrachten wir nunmehr die daraus sich ergebenden drei Hauptformen der taktischen Thätigkeit: Offensive, Defensiv-Offensive und hinhaltendes Gefecht!

Zweites Kapitel.

Die Offensive.

Das äußerliche Merkmal und darum das Ziel für den Sieg ist: den Gegner mit Gewalt von demjenigen Fleck Erde zu vertreiben, auf welchem er sich behaupten will. Jede Kampfesthätigkeit einer Truppe beruht auf der Anwendung entweder ihrer Stoßkraft oder ihrer Widerstandskraft. Beide zusammen bilden die Schlagfähigkeit einer Truppe, diejenige Eigenschaft, welche sie erst zur Truppe macht, und mit deren Zusammenbrechen die Truppe als solche selbst vernichtet ist. Stoßkraft und Widerstandskraft treffen also in jedem Kampfe aufeinander, um sich gegenseitig zu zerstören; wo der Ueberschuß an Schlagfähigkeit bleibt, ist der Sieg. Um den Sieg zu erringen, ist es daher nöthig: in einem gegebenen Moment an einem gegebenen Ort stärker zu sein, als der Gegner.

Diese größere Stärke wird erlangt: entweder durch die **physische** resp. numerische oder durch die moralische Ueberlegenheit der einen Truppe über die andere, womöglich durch die Vereinigung beider.

Die vorhandene Summe dieser Eigenschaften repräsentirt die Stoßkraft der Angriffs-, wie die Widerstandskraft der Vertheidigungstruppe. —

Damit eine Angriffs-Truppe das Maximum ihrer Stoßkraft auch wirklich entwickeln, dieselbe überhaupt ausnutzen könne, muß sie eine Formation haben, welche den Anforderungen entspricht:

    der größtmöglichsten **Beweglichkeit**: denn nur in der Vorwärtsbewegung beruht die Möglichkeit des offensiven Verfahrens überhaupt; ferner

    der größtmöglichsten **Sicherung gegen das feindliche Feuer**: denn dieses ist der gefährlichste Feind der Offensive, weil es die Stoßkraft des Angreifers (physische und moralische) am intensivsten schädigt, ihn zum Stutzen,

Zurückgehen, Scheitern bringen kann, ehe er den entscheidenden Punkt erreicht; endlich
der größtmöglichsten eigenen Waffenwirkung jedenfalls im Moment des Einbruchs, wenn angängig auch schon vorher: denn nur die eigene der Vertheidigung überlegene Thätigkeit in dieser Richtung vermag dem Angriff den Character des Gewaltsamen zu verleihen, ohne welchen er ja keinen wirklichen „Sieg" erlangen kann.

Die alte Taktik entsprach diesen Anforderungen durch eine **Massenordnung**; entweder in Linie oder in Colonne.

Die Revolutionskriege ließen die **Einzelordnung** — den Tirailleurschwarm — hinzutreten.

Die Massenordnungen, wie sie sich durch den napoleonischen Kriege entwickelt und bis zu der letzten Kriegsära behauptet hatten, **entsprachen** mehr oder weniger allen, oder doch relativ der einen etwas mehr, der anderen etwas weniger, jenen allgemeinen Anforderungen an jede Offensiv-Formation **nach Maaßgabe der existirenden Bewaffnung!**

Die Einzelordnung erscheint in dieser Zeit neben ihnen, als eine **Hülfsformation**, nothwendig geworden mehr durch die veränderte Kriegführung (Terrainbenutzung) im Großen, als durch die Waffen.

Die hin und wieder auftauchenden Versuche diese Einzelordnung zur **Hauptform** zu machen, scheitern in den eigentlichen Revolutionskämpfen an der **mangelhaften** Qualität der ersten Unternehmer und werden später nicht wieder aufgenommen, weil sie noch nicht nothwendig sind. Trotzdem kann z. B. das Gefecht von Saalfeld als ein lediglich durch die offensive Einzelordnung gewonnenes bezeichnet werden.

Seit den ersten Fortschritten der neuen Waffentechnik arbeitet sich diese Form immer mehr in den Vordergrund; die gezogenen Gewehre verleihen ihr (1859) die Gleichberechtigung mit der Massenordnung; die Hinterlader (1870/71) die Ueberlegenheit.

Das Factum steht — im Gegensatz zu allen früheren Kriegserscheinungen und Theorieen — unbestreitbar fest:

Der factische Einbruch in die feindliche Stellung (im freien Felde, wie in Lisièren) ist im Kriege 1870/71 überall und überall lediglich durch Schützenschwärme erfolgt, mehr oder weniger nahe gefolgt nur von geschlossenen Linien oder Kolonnen!!

Wir müssen daher sagen:
Die Einzelordnung ist die faktisch einzige Kampfformation der Infanterie geworden.

Wir setzen hier den Ausdruck Einzelordnung dem Ausdruck Massenordnung gegenüber und verstehen unter dieser diejenige Formation einer Truppe, wo der einzelne Mann seinen bestimmten, nicht zu verlassenden Platz, unter jener aber eine Formation, wo der einzelne Mann nur seinen im Allgemeinen angewiesenen, aber innerhalb bestimmter Grenzen nach eigener Initiative wechselnden Platz hat.

Die Ausdrücke Massen- und Einzelordnung sind um deswillen den sonst wohl üblichen „geschlossene und zerstreute oder aufgelöste Ordnung" substituirt, weil einmal jene beiderseits gemeinte Schützenformation doch häufig auch eine recht geschlossene sein kann und weil andererseits doch auch niemals die wirkliche Auflösung der Ordnung durch dieselbe gestattet werden soll.

Das sind Worte: für die Debatte, wo man sich versteht, nebensächlich, für die Praxis aber doch nicht ganz werth- und bedeutungslos.

Es bedarf keiner weitergehenden Auseinandersetzungen, um zu constatiren, daß die Einzelordnung jenen drei oben genannten Grundanforderungen an die offensive Formation mehr und besser entspricht, als jede Massenordnung.

Auch waren es schwerlich Bedenken in dieser Richtung, welche der allgemeinen und schon viel früheren Annahme dieser Formation für den Infanterieangriff entgegenstanden.

Der eigentliche Gegengrund vielmehr lag wohl nur in der, wenn auch nicht ausgesprochenen, so doch instinctiv empfundenen Unmöglichkeit mit den Ausbildungsmitteln jener Zeit der Uranforderung des Angriffs: der Stoßkraft zu genügen. Einmal formell glaubte man dem numerischen Bedürfniß durch Schützen nicht entsprechen zu können und andrerseits traute man der moralischen Kraft der aufgelösten Ordnung nicht viel zu. Das lag in der Tradition der

Zeit und die Tradition verhindert öfter als man glaubt, das Ei des Kolumbus zu finden.

Erst seit man in der Ausbildung anfing, einen Werth auf die **individuelle Entwickelung des einzelnen Mannes** zu legen, wurde das Hervortreten der Einzelordnung unter den taktischen Formationen möglich und umgekehrt datirt diese Werthlegung erst aus der Periode, wo die Vervollkommnung der Waffe anfing die Einzelordnung mehr und mehr nothwendig werden zu lassen.

So ergänzten sich — wie es ja wohl meist in menschlichen Dingen geht — Bedürfniß und Mittel der Befriedigung einander und eins förderte das andere, bis zum heutigen Standpunkt der Sache, wo es gilt die bewußte letzte Hand an das Mittel zu legen.

Wie das geschehen muß, darüber hat die Streitlitteratur der letzten Jahre und die Kriegserfahrung so viel erschöpfendes Material zusammengetragen, daß darüber wohl schwerlich noch etwas **Neues** zu sagen wäre, nur die ordnende Hand fehlt noch daran.

Den allgemeinen — zu allen Zeiten gültigen — Grundsätzen über den Angriff muß auch diese Ordnung selbstverständlich entsprechen. Auf sie müssen wir daher zunächst einen kurzen Rückblick werfen, so viel des alt Bekannten dabei auch wiederholt werden mag.

Jeder Angriff hat drei Stadien zu durchlaufen:
  die Zeit der Vorbereitung,
  den Moment der Durchführung und höchsten Anspannung und
  die Periode der Abspannung und Retablirung.

Es genügt diese Stadien zu bezeichnen, die inneren Gründe für ihre Existenz bedürfen wohl hier keiner Erörterung mehr.

Vorausgeschickt sei nur, um Mißverständnissen vorzubeugen, daß der Ausdruck „Vorbereitung des Angriffs" hier nicht synonym gebraucht ist mit „Einleitung des Gefechts."

Die Einleitung des Gefechts, bestimmt: sich über Feind und Terrain zu orientiren, Zeit zum Aufmarsch zu gewinnen, sich über den Gefechtszweck und die zu verwendenden Mittel dazu (Truppen-Eintheilung) schlüssig zu machen, gehört nach unserer früher gemachten Eintheilung zu den „hinhaltenden" Gefechten. Für das Folgende ist diese Periode als verflossen anzusehen und unter „Vorbereitung" nur der erste Schritt eines nach Richtung und vorhandenen Mitteln ganz bestimmt vorgezeichneten Angriffsstoßes verstanden. —

Wenn irgend wo in kriegerischen Dingen eine bewußte Willensenergie als die nothwendigste Bedingung des Erfolges angesehen werden muß, so kann man sagen, ist dieser Satz für den Angriff, die kriegerische Handlung κατεξοχην, geltend.

Unter diesem Gesichtspunkte muß daher wesentlich dasjenige betrachtet werden, was sich auf eine Theorie des Angriffs und seine praktische Durchführung beziehen soll.

Hier wären also zunächst diejenigen Elemente näher zu behandeln, welche für diese Energie maßgebend sind.

Zu ihnen gehören in erster Linie: Klarheit des Urtheils! Klarheit in doppelter Richtung: sowohl in Bezug auf das zu erstrebende Ziel, als in Bezug auf die dazu zu verwendenden Mittel!

Es könnte scheinen, daß das so selbstverständlich wäre, daß eine besondere Erwähnung kaum nothwendig. Und doch, wer mit Aufmerksamkeit die Kriegsgeschichte studirt: wieviel unnütz verschossenes Pulver, wieviel unnütz geopfertes Menschenblut wird er finden — aus Mangel an Klarheit.

Ein gut Theil aller in einem Kriege vorgefallenen Gefechte — in alten und neuen Zeiten — stellt sich dem Kritiker dar, als von beiden oder doch von einer Seite: ohne Ueberlegung begonnen, ohne Energie durchgeführt, ohne Nutzen abgespielt.

Es sind das nicht die hinhaltenden, die orientirungsuchenden Gefechte, die ihren wirklichen Zweck, ihren reellen Nutzen haben; es sind vielmehr jene Bataillirungen, zu denen ein Führer sich jedesmal verpflichtet glaubt, wenn er den Feind sieht, und die so oft von durchgehenden Avantgarden begonnen sind, ehe man sich Rechenschaft gegeben, was man denn eigentlich damit erreichen will und kann, ehe man sich gefragt, ob sie nicht gar dem Erfolg im Ganzen nur nachtheilig werden können u. s. w. und die dann von der folgenden Truppe fortgeführt werden müssen, weil es in kriegerischen Dingen mehr als sonst richtig ist, daß wer A gesagt, auch B sagen muß. Glücklich dann noch, wenn solches „Herumgeschieße" mindestens „unentschieden" endigt, oder wenn derjenige, der unklar begonnen, minbestens im Verlauf der Sache, Energie und Mittel findet, sie zu einer Entscheidung zu wenden. Immer aber kein Vortheil!

Darum ist im Kapitel von Offensive und Defensive verlangt, daß ein Führer ein Gefecht, das kein positives für ihn erreichbares Kriegsziel in Aussicht stellt, vermeide! Darum wird hier an die Spitze das Verlangen gestellt, daß wer sich zur Offensive entschlossen, dazu mit aller äußerster Energie auch alle ihm zur Verfügung stehenden Mittel benutze!

Auch das scheint selbstverständlich: und doch, wieviele Offensivstöße sieht man geführt, mit halben, viertels-Kräften, mit der so falschen Exercierplatz-Theorie der Wiederholungsmöglichkeit durch das zweite Treffen, und der nicht minder falschen Lehrbuchstheorie von den zurückzuhaltenden Reserven.

Es ist hier der Moment mit kurzen Worten auf die Wichtigkeit der Einleitungs- (verschieden von der Vorbereitungs-) Periode des Angriffs zu kommen, deren Formen und Verfahren im Kapitel vom hinhaltenden Gefecht abzuhandeln sind.

Mehr als je, treibt die so colossale Wirkung des Artillerie- und Infanteriefeuers die einmal ins Feuer gekommenen Massen zu einer raschen Entscheidung, mehr als je also bedürfen ihre Führer eines raschen Entschlusses, mehr als je müssen andrerseits die Massen zurückgehalten werden, bis dieser Entschluß gefaßt ist. Dazu bleibt nur die Zeit der Einleitung, die Möglichkeit einer spätern Abänderung ist viel, unendlich viel beschränkter als früher.

Ist einmal der Entschluß, so oder so, gefaßt, so ist damit der Führer auch in das „entweder — oder" der Entscheidung getreten, der Würfel im Rollen, der aburtheilen soll, für oder gegen ihn.

Von diesem Moment kann und darf von keinem Zögern, keiner Halbheit mehr die Rede sein. Für den Führer einer Angriffstruppe liegt in seinem „dort" und „jetzt" der Erfolg oder Nichterfolg unwiderruflich, unabänderlich beschlossen!

Das ist es, was in der Einleitungs-Periode abgemacht sein will, und was sie für den Führer des Angriffs zur entscheidenden macht.

Der Entschluß ist gefaßt, nun zu den Bedingungen seiner Durchführung.

In einem bestimmten Moment, an einem bestimmten Punkte,

die numerische und moralische Ueberlegenheit über den Feind zu haben, war oben als Grunderforderniß: Beweglichkeit, Sicherheit, Waffen-Wirksamkeit der Formation als Mittel zur Erlangung des Sieges gefordert worden.

Man muß den Angriff auf **ein Ziel** führen; man muß ihn auf dem kürzesten Wege und ohne Aufenthalt führen; man muß ihn mit aller disponiblen Kraft führen!

Das sind die drei Grundsätze, welche aus dem allgemeinen Anspruch, sich als nothwendig für die specielle Durchführung ergeben.

Mit aller disponiblen Kraft! Man ist zum Angriff nie zu stark, denn man kann nie genau wissen, auf welche Kräfte man stößt und in welchem Moment der Vertheidiger zu einem Gegenstoß übergeht, den nur ein apathischer Gegner ganz unterlassen wird. Jeder abgewiesene Angriff aber übt einen demoralisirenden Einfluß auf den Angreifer selbst, und die Möglichkeit einer Erneuerung des Angriffs mit frischen Kräften, welche allein der Nichtverwendung der ganzen disponiblen Kraft auf einmal zu Grunde liegen kann, wird durch erste, unglückliche Versuche nur immer mehr erschwert. Für die glückliche, wie für die unglückliche Chance des Angriffs ist es besser, wenn alle Kräfte concentrirt sind, der physische Druck und der moralische Schwung wird dadurch erhöht und die Gefahr vermindert sich direkt und indirekt, wenn die Massen in einer Hand vereinigt bleiben. Die Infanterie, welche stehenden Fußes fechten kann, ist nicht nothwendig, wie die Kavallerie, nach einem abgeschlagenen Angriff: hors de combat! um so weniger, je numerisch stärker sie ist. Die Reserve also, welche eine stürmende Infanterie zurückläßt, soll darum möglichst schwach sein, nur bestimmt, wenn die Verhältnisse so liegen, ihr den Rücken zu decken, vielleicht ein allzu nahes Defilée offen zu halten; am vortheilhaftesten schon wenn dieselbe der Infanterie durch andere Waffen gestellt werden kann.

Ein Angriff mit partiellen Kräften fordert den Gedanken an die Möglichkeit des Nichtreüssirens heraus. Nun mag der Führer im innersten Gemüthe sich die ungünstige Chance spiegeln und im Voraus an Mittel denken, sie auszugleichen; die offensive Truppe aber, die den Gedanken des Rückzuges denkt, ist schon halb geschlagen. Möglich, daß der Angriff nicht reüssirt, unmöglich aber, daß die Truppe zurückgeht. Das Schwert schneidet oder es zerspringt, die Truppe siegt, oder es sind nur ihre Trümmer zusammenzulesen.

Zu einem Angriff in solchem Geiste gehört die ganze disponible Kraft — sonst ist es nicht ein Angriff, sonst ist es ein Avanciren zum Probiren, mit bald darauf reimendem Retiriren.

Auf dem kürzesten Wege und ohne Aufenthalt! Es widerstrebt naturgemäß der Energie und damit der Chance der Entscheidung, wenn das Angriffsobject erst auf Umwegen erreicht werden soll. Raschheit in der Durchführung ist ein Hauptbedingniß des Erfolgs, dem widerstreitet aber jede Abweichung von der graben Direction des Anlaufs aufs entschiedenste. So vortheilhaft es sein mag, den Angriff auf die Flanke des Gegners zu richten, so bestimmt verlangt werden muß, daß dies stets geschehe, wo man vorher, z. B. in der Einleitungsperiode die Vorkehrungen dazu — ungesehn und unbeschossen — treffen kann, niemals ohne Nachtheil für den Erfolg darf solches Ziel durch eine Schrägbewegung im feindlichen Feuer oder gar eine nachträgliche zeitraubende Formationsveränderung der Angriffstruppe, wenn sie schon engagirt ist, erstrebt werden. Unordnung wird im verheerenden Einschlagen der Geschosse die unausbleibliche Folge eines solch' erkünstelten Versuches sein, Stutzen, Stocken unvermeidlich werden und der aufmerksame Vertheidiger wird solch' gefährlichen Moment zu einem doppelt verderblichen Gegenstoß benutzen. Grade—aus, vorwärts! ist beim Angriff das Wort — und nur das einzige — das seines moralischen Impulses auf die Mannschaft gewiß ist.

Auf ein Ziel! Nur was zunächst zu erreichen, darf dem Angriff als Object gegeben werden. Nichts kann verderblicher werden, als vorhergegebene Bestimmungen über ein Zweites, ehe noch das Erste erreicht ist. Die Vorausbezeichnung dessen, was geschehen soll, „wenn" das erste Angriffsobject genommen, ist ebenso vorcilig, als etwa die gleichzeitige Vertheilung der disponiblen Angriffskräfte auf hintereinanderliegende Ziele.

Jeder Angriff hat nur ein Objekt auf einmal, was weiter wird, ist Sache weiteren Befehls.

Die richtige Beschränkung in den zu erreichenden Zielen ist Pflicht der oberen Führung, Pflicht der ausführenden Truppe aber ist es, diese Beschränkung zu achten.

Ein offensiver Kampf, der mit bewußter Energie geführt werden soll, diesem schroffen Gegensatz gegen den bloßen Elan, muß ruckweise vorschreiten, von einem Ziel zum andern. Es ist des Abspannungsmoments gedacht, der naturgemäß jedem Angriff und der damit verbundenen äußersten Anspannung folgen muß und wird. Ehe dieser Trägheitsmoment nicht überwunden ist, kann, darf eine klare, sichere Führung nicht zur Lösung weiterer Aufgaben schreiten.

Die Truppe aber, die diese natürlichen Absätze ignorirt und bruchstückweise überspringt, erweist sich nicht als so manövrirfest, wie es verlangt werden muß. Das blinde Nachstürmen über eine genommene Position, das unbekümmerte Drauflosrennen ohne Rücksicht auf den Nachbar — gar mannichen Lorbeer hat es gepflückt, aber auch gar mannichen Erfolg compromittirt; manchen Rückschlag eingetragen: dem Durchgänger hat's nur das Leben, der Armee aber den Sieg gekostet!

Drum nur: ein Ziel! auf einmal.

Soviel im Allgemeinen und nun zu den speziellen Formationen für die verschiedenen drei Stadien eines Angriffs.

I. Das Stadium der Vorbereitung.

Bereits in der seitherigen Gefechtslehre galt die Regel: die Vorbereitung eines Angriffs durch Geschütz- und Schützenfeuer führen zu lassen. Weniger die Form an sich also, als vielmehr die Stärke und die Art der Heranführung der zu diesem Zwecke bestimmten Truppen wird uns hier zu beschäftigen haben.

Der alte Grundsatz, immer nur so wenig Schützen als möglich aufzulösen, immer nur soviel als für den verlangten Zweck dringend nothwendig „aus der Hand zu geben", wie charakteristisch genug für die Epoche der Kunstausdruck war, hat zuerst von allen früheren Maximen durch die verbesserte Bewaffnung eine Lücke bekommen.

In der That, der Zuwachs an Kraft, welchen die Defensive

durch die besseren Schußwaffen gewonnen hatte, äußerte sich zunächst in der erhöhten Nothwendigkeit der Vorbereitung überhaupt und daraus folgend in der erhöhten numerischen Kraftentwickelung, zu welcher dieselbe sich gezwungen sah.

Die früher für so wichtig gehaltene Regel der nur allmähligen Verstärkung einer Schützenlinie erwies sich bald in praxi als gefährlicher und verlustreicher, wie die Auflösung ausreichender Kräfte gleich von Hause aus, d. h. vom Eintritt in das feindliche Gewehrfeuer an.

Diese Regel an die Stelle der alten gesetzt, würde es sich nunmehr um die Frage handeln, was ist eine ausreichende Stärke?

Angesichts der an Widerstandskraft gewachsenen Defensive muß hier die Antwort wohl lauten: so viele Gewehre als nach dem Terrain nur irgend zu wirksamem Gebrauch kommen können.

Wenn eine Vorbereitung des Angriffs wirklich wirksam sein d. h. den Vertheidiger physisch und moralisch erschüttern soll, so ist die Grundbedingung dafür, daß sie vom Moment ihres Beginns bis zum Moment des Einbruchs ununterbrochen ist. Erfolgt der letzte Anlauf erst eine gewisse Zeit nach dem abgerissenen Vorbereitungsfeuer, so kann dieses möglicherweise den Vertheidiger materiell geschwächt haben, von einer Erschütterung d. h. einem moralischen Effekt aber wird mindestens bei einer guten Truppe nichts mehr zu fühlen sein. Im Gegentheil das faktisch oder scheinbar zum Schweigen gebrachte Angriffsfeuer wird ihren Muth gehoben haben.

Da nun beim heutigen Hinterlader das Feuer eines jeden Schützen als ununterbrochenes bezeichnet werden kann und jeder einzelne zum freien ungehinderten Gebrauch seines Gewehrs in der Bewegung etwa $1^{1}/_{2}$ Schritt benöthigt, so ergibt sich als größtmögliche zu erstrebende Stärke der Vorbereitungstruppe, im Allgemeinen die Ziffer von je einem Mann auf anderthalb Schritt der Angriffsfrontbreite. Diese Rechnung wird aber auch gleichzeitig — abstrahirt von der später zu berührenden Verlustfrage — die Maximalstärke der zur Vorbereitung zu designirenden Schützen repräsentiren. Da es sich in diesem Moment nur lediglich um das zu entwickelnde Feuer handelt, wird jeder in der Schützenlinie placirte Mann, der aus Mangel an Raum diesen Zweck nicht erfüllen könnte, für das

Ganze gradezu schädlich, indem er nur unnützer Weise den Stoff zu Verlusten vermehren würde.

Es würde sich nunmehr darum handeln, zu ermitteln wie groß denn die Angriffsfrontbreite eines Truppentheils von einer gewissen Stärke sein kann, darf oder muß.

Um dies zu können, müssen wir auf eine andere Seite der Anforderungen zurückgreifen, welche an das den Angriff vorbereitende Feuer zu stellen ist.

Es war oben die Ununterbrochenheit nothwendig befunden vom Moment des Beginns bis zum faktischen Einbruch. Der **Moment des Beginns** muß jetzt näher dahin präzisirt werden, daß darunter dem Zwecke der beabsichtigten Erschütterung des Gegners entsprechend, nur der Zeitpunkt verstanden werden darf, in welchem (wie? davon später) die Vorbereitungstruppe die für ihre Waffe **wirksamste Entfernung** vom Vertheidiger erreicht hat. (Gründe hierfür sind wohl nicht erst anzugeben nöthig.)

Wie die Bewaffnungsfrage heutzutage steht, würde dies also etwa die Entfernung von 400—200 Schritt vor der intentionirten Einbruchsstelle repräsentiren.

Nun liegt es in der Natur des Menschen, daß eine gegenseitige ununterbrochene (Schnellfeuer) Beschießung auf so nahe und wirksame Entfernung (denn der Vertheidiger muß gleich gut bewaffnet vorausgesetzt werden) auch von der besten Truppe nur **wenige Minuten** ausgehalten werden kann. Selbst abstrahirt von den faktischen, oft gar nicht einmal im Verhältniß zum Munitionsverbrauch stehenden Verlusten ist der moralische Einfluß eines solchen Feuers auf die Nerven derart, daß binnen kürzester Zeit eine Entscheidung aus dieser Excitation hervorgehen muß. Für die angreifende Truppe kann — da die Theorie doch nicht von der Annahme ungünstigerer Zustände bei dem günstiger situirten Vertheidiger ausgehen und sein Davonlaufen annehmen darf — daraus nur nach verhältnißmäßig sehr kurzer Zeit der Impuls zum Drauf! — oder zum Kehrt! resultiren. — Für den einen, wie den andern Fall ist es also nothwendig, daß die zum Angriffsstoße bestimmte Haupttruppe bei ihren vorbereitenden Schützen (die allein zum Drauf nicht stark genug) in oder besser noch **kurz vor** diesem Moment eintrifft.

Andrerseits hat diese Haupttruppe aber das sehr natürliche Interesse, **nicht früher bei ihren vorbereitenden Schützen d. h.** in dem
Rayon der Massenverluste für sie anzukommen, als bis deren Feuer
einige Zeit und womöglich bis zu jenem Moment der wahrscheinlichen Krisis gewirkt hat.

Bis zu diesem Moment wird sie bestrebt sein, so weit als
irgend möglich aus dem Bereich der feindlichen Feuerwirkung fern
zu bleiben und aus diesen beiden sich widerstreitenden Bestrebungen
resp. Nothwendigkeiten heraus, ergiebt sich dann der Abstand, welchen die Haupttruppe von der vorgeschobenen Vorbereitungstruppe
haben darf.

Nimmt man als Erfahrungssatz aus dem letzten Kriege an,
daß ein gegenseitiges Schnellfeuer, wie es oben vorausgesetzt ist, füglich **nicht über fünf Minuten** dauern kann, ohne zu einer Krisis
zu führen, so ergibt sich als ursprünglicher Abstand der Hauptmasse
von der Vorbereitung in dem Moment, wo diese beginnt, eine Entfernung von maxime 500 Schritt.

Ist das Terrain vollkommen frei, so wird die Haupttruppe
auch bis zum entscheidenden Moment, wo sie durch den Beginn des
Schnellfeuers **vornen gezwungen ist**, diesen Abstand zu verkürzen,
dies nicht gethan haben. Sei es aber auch selbst, daß sie auf ca. 300
Schritt der ersten Schützenlinie folge, so wird doch immerhin die
Eindoublirung eines Zwischengliedes zwischen sie und die nach der
oben angegebenen Theorie in einer Linie entwickelten Schützen (1 auf
1½ Schritt) nothwendig werden.

Der Anmarsch jener Linie bis auf wirksame Schußweite wird
nämlich naturgemäß nicht ohne, vielleicht sogar sehr erhebliche Verluste geschehen können, zu deren sofortiger Ergänzung, wenn eben
die Vorbereitung ununterbrochen sein soll, das Material vorhanden
sein muß.

Je nach der geringeren oder größeren Deckung, welche das Terrain der Annäherung an den Feind bietet, muß auch dieses Soutien stärker, oder kann schwächer sein. Es kann als ein praktisch
bewährter und in allen Theorien aufgenommener Erfahrungssatz hingestellt werden, daß das Soutien mindestens die **halbe bis zur
gleichen Stärke** mit der Schützenlinie haben müsse.

Wenn aber nun diesen vorweg vom Angriff in Anspruch genommenen zwei Linien, welche beide doch eigentlich nur der Vorbereitung dienen, der nöthige Impuls zur Durchführung gegeben werden soll, so ist als Minimum dazu eine Haupttruppe von gleicher **numerischer Stärke** wohl als unzweifelhaft nothwendig zu bezeichnen.

Auf diesem Umwege der Bedürfnißfrage für die einzelnen Momente des Angriffs kommen wir denn also wieder bei dem Ausgangspunkt von der Angriffsfrontbreite einer bestimmten Truppenstärke an.

Diese Normalangriffsbreite ergibt sich darnach aus der Berechnung, daß eine Angriffstruppe: $1/2 - 2/3$ **ihrer Gesammtstärke als Haupttruppe**, $1/2 - 2/3$ **ihrer Gesammtstärke als Vorbereitungstruppe** zu verwenden genöthigt ist und daß wiederum von der Vortruppe: $1/2 - 2/3$ **ihrer Stärke je ein bis anderthalb Schritt Breite** repräsentirt.

Mit andern Worten und auf unsere bestehenden Verhältnisse angewendet heißt das: **die Normalangriffsfront eines Bataillons soll im freien Terrain 300 Schritt nicht überschreiten!***)

Zu bemerken bleibt dabei zunächst noch, daß bei dieser ganzen Berechnung das dritte Stadium des Angriffs noch ganz außer Ansatz geblieben ist. Wir werden später darauf zurückzukommen haben.

Aus dem zur Erlangung dieses Resultates eingeschlagenen Wege ergibt sich ferner, daß die Normalangriffsbreite einer bestimmten Truppe in gleichem Verhältniß mit der Deckungsdarbietung des von ihr zu durchschreitenden Terrains wächst. Mit anderen Worten: je mehr Deckung das Terrain bietet, desto näher kann die Haupttruppe der Vorbereitungstruppe folgen und desto geringer werden die zu ersetzenden Verluste derselben sein; je mehr dies beides der Fall, desto überflüssiger werden, mindestens desto schwächer können werden: die einzudoublirenden Soutiens; was man an diesen erspart, kann ev. zur Verstärkung der Vorbereitung verwendet werden, die ja prinzipiell so stark als möglich sein soll; da aber in der Vorbereitung jedes Gewehr wirksam sein soll, kann und wird diese Verstärkung nur in Form einer Frontverbreiterung auftreten.

---

*) 200 Gewehre zur Vorbereitung; 200 zum Soutien; 400 zur Haupttruppe; dazu Chargen und Ausfall, gleich: Normalbataillonsstärke.

Wir kommen damit auf den Einfluß des Terrains auf den Angriff und damit auf die andere Seite der — wie oben bemerkt — mit Bezug auf das Vorbereitungsstadium zu lösenden Fragen: die Art der Heranführung.

Die in dieser Richtung anzustellende Betrachtung wird uns naturgemäß auch auf die Bestimmung der Maximalgrenze der offensiven Frontbreite einer Angriffstruppe führen.

Wenn wir in dieser Untersuchung den schwierigsten Fall, das freie Terrain, zu Grunde legen, so wird damit die Frage für die Art der Vorführung einer Schützenlinie — und nur um eine solche handelt es sich hier — auch für die günstigeren Fälle eines mehr oder weniger coupirten Terrains gelöst sein.

Setzen wir das zu erreichende Ziel, die Grenze, von welcher an das Schnellfeuer beginnen soll, auf 300 Schritt von der feindlichen Hauptstellung.

Drei Varianten sind in der Theorie vorgeschlagen resp. in der Praxis benutzt worden, um eine stark beschossene Schützenlinie bis an jenes Ziel heranzubringen.

Das Vorgehen der ganzen Linie in einem Zuge, ohne zu feuern, oder mit Feuer;

das sprungweise Vorgehen der ganzen Linie mit abwechselndem Hinwerfen und Feuern auf Befehl;

das bruchstückweise Vorgehen der Linie unter abwechselndem Feuerschutz der liegenden Theile.

Für alle drei Varianten kann die möglichste Beschleunigung der Bewegung, also soweit angängig die Anwendung des Laufens und das prinzipielle Hinwerfen bei jedem gezwungenen oder freiwilligen Halt, als allgemein nothwendig anerkannt und deßhalb auch hier nicht mehr debattirbar, vorausgesetzt werden.

Das rasche Vorgehen ohne Aufenthalt und ohne Feuer muß unbedingt als das zweckentsprechendste Verfahren anerkannt werden — soweit es durchführbar erscheint.

Mehr aus, in der inneren Natur des Menschen liegenden, als vielleicht aus äußerlich zwingenden Gründen ist dieses Verfahren aber nur bis zu einem gewissen Grade — man lasse sich nicht durch einzelne besonders begünstigte Ausnahmen täuschen — anwendbar.

Von derjenigen Entfernung vom Feinde an, wo die Verluste in der Schützenlinie, namentlich durch Infanteriefeuer anfangen, nichts mehr rein zufälliges zu sein, wird die Vorwärtsbewegung in dieser Form schwierig werden, sich verlangsamen endlich ins Stocken kommen.

Ein Mittel über das erste Stadium dieser Schwierigkeit fortzukommen, wird darin liegen, selbst das Feuer eröffnen zu lassen. Voraussichtlich ohne irgend nennenswerthe Wirkung auf den Feind, wird es doch einen gewissen animirenden Eindruck auf die Leute üben, die sich nun mindestens in der Vorstellung dem Feinde nicht mehr wehrlos gegenüber sehn.

Die Gefahr liegt nur darin, daß dieses prinzipiell vereinzelte Feuer ein allgemeines wird und dadurch das Stutzen in der Bewegung, welches vermieden werden soll, sich eher vergrößert und schließlich der Natur des Feuergefechts entsprechend, zu einem Stehenbleiben ausartet.

Wir sind hier, wenn ja etwas Praktisches gefördert werden soll, mehr als irgendwo genöthigt, mit der Natur des Menschen zu rechnen. Eine Theorie, welche nur auf dem: das kann, das darf, das soll nicht sein! fußt, riskirt in der Praxis allzuherbe Niederlagen, als daß man nicht vorziehen sollte, in der Friedensgewöhnung eher zu geringes als zu hohes Gewicht auf die moralische (Begeisterungs-) Seite der Dinge zu legen.

Das muß Veranlassung werden in der Friedensschule schon, die im Prinzip ja vielleicht beste Art, auf dasjenige Maaß abzuschwächen, welches wohl unter allen Umständen verlangt werden kann.

Von diesem Standpunkte aus würden wir geneigt sein, die Regel dieses Vorgehens und zwar **ohne Feuer unbedingt festzuhalten, im Artilleriefeuer und bis in die erste Sphäre des Infanteriefeuers hinein**. Mit andern Worten: die zur Vorbereitung bestimmte Truppe soll ausschwärmen, wenn sie die Zone des auf sie gerichteten Artilleriefeuers erreicht (ob gleich ganz oder nur theilweise ist gleichgültig, jedenfalls muß die Auflösung der ev. Theilsoutiens erfolgt sein, ehe sie das Ziel auch nur der feindlichen Artillerie werden können); sie soll ohne zu feuern, so rasch als möglich avanciren, bis sie in dem auf sie gerichteten Infanteriefeuer angelangt ist; oder

    die Vorbereitungstruppe legt die Entfernung vom

Auftreten bis auf 1000 oder 800 Schritt, wenn möglich 600 Schritt vom Feinde in einem Zuge zurück!

Es ist bei dieser letzteren Fassung absichtlich das Feuer nicht erwähnt, besser, wenn es unterbleiben kann, wenn nicht, so ist damit nichts verloren, solange nur es nicht ausartet, und nur in irgend einer befohlenen Form sich hält.

Von jener Zone an, wo, um den Ausdruck zu wiederholen, die Verluste durch das Infanteriefeuer des Feindes nichts Zufälliges mehr haben d. h. von wo man den Gegner (mindestens seine Aufstellung) klar erkennen und von ihm klar gesehen werden kann, wird wohl unter den meisten Verhältnissen auch die eine oder die andere Art des allmähligen Vorgehens Norm werden müssen.

Jede von den beiden oben erwähnten Arten dieses Vorgehens bietet unbestreitbare Vortheile, das „sprungweise im Ganzen" gibt größere Garantie der Ordnung; das „bruchstückweise" größere Sicherheit. Wenn wir uns hier entschieden für das bruchstückweise Avanciren aussprechen, so geschieht dies weniger aus Veranlassung der mehr oder weniger triftigen Gründe, welche die Theorie bis jetzt dafür aufgestellt hat (Feuersekundirung) als auf der Basis folgender Betrachtung.

Wenn man von der seither im Allgemeinen zu Grunde gelegten Annahme eines Angriffs einer verhältnißmäßig kleinen Truppe abstrahirt und die Verhältnisse eines von mehreren Bataillonen nebeneinander auf dasselbe Ziel gerichteten Angriffs ins Auge faßt, so ist klar, daß die zur Vorbereitung eines solchen Angriffs bestimmte große Schützenlinie im Lärm und Gewühl des Kampfes nicht mehr einheitlich durch Befehl oder Signal geleitet werden kann. Zu diesen äußeren Schwierigkeiten gesellen sich andere Gründe, welche für lange Linien doch immer das bruchstückweise Vorgehen zur Folge haben werden. Der feindliche Widerstand wird nicht immer auf der ganzen Frontbreite ein gleich intensiver sein, das auf den verschiedenen Etappen des Vorrückens dem Angriff entgegengesetzte Feuer des Gegners wird bald hier, bald dort oft nur auf wenig Augenblicke vielleicht geschwächt sein: eine glücklich eingeschlagene Granate, eine zufällige Exponirung eines Theils der feindlichen Vertheidigungslinie rasch benutzt, kann bald an diesem bald an jenem Punkte ein

Vorwärtsbringen begünstigen, während in demselben Augenblick ein solches an einer andern Stelle doppelt schwierig sein würde; selbst auch die scheinbar freieste Ebene wird bald hier, bald dort kleine Terrainbegünstigungen zum Vorgehen bieten, welche ein intelligenter Angreifer benutzen wird und muß u. s. w. So entsteht bei einer größeren Linie schon instinctiv und weil der Impuls der einen Stelle sich nicht so rasch auf alle anderen übertragen läßt, ein bruchstückweises Vorgehen als naturgemäßestes Verfahren. Was aber hier ganz zweifellos eintritt, hat auch bei kürzeren Linien sehr häufig seine volle Berechtigung, ja wird auch bei ihnen oft nothwendig werden.

Selbst bei einer Frontentwickelung von wenig hundert Schritten wird es bei commandogemäßem Vorlaufen und Hinwerfen einer ganzen Linie geschehen, daß auch im scheinbar freisten Terrain die eine oder andere Gruppe ihr Feuer gegen den Feind höchst unerwartet durch eine vorher nicht geahnte Muldenform maskirt sieht u. s. f.

Was also grundsätzlich für größere Frontbreite statuirt werden muß, wird auch am besten hier als allgemeine Regel adoptirt werden.

Zwei Gründe sind es wohl wesentlich, welche die Kritik zu Gunsten des sprungweisen Vorgehens im Ganzen gegen das bruchstückweise Avanciren vorbringen kann. Einmal wird sich der moralische Impuls des Vorwärts durch gemeinsames Aufstehen und Vorlaufen leichter fortsetzen, die Schwierigkeit leichter überwinden lassen, welche es anerkannter Maßen hat eine tant soit peu gedeckte Schützenlinie zum Aufstehen zu vermögen, wenn das Beispiel dazu von den Offizieren der ganzen Linie und durch Commandos und (Pfeifen-) Signale unterstützt gegeben wird. Andrerseits kann ein bruchstückweises Vorspringen, namentlich wenn es in kleinen Abtheilungen erfolgt, sehr leicht dazu kommen, die eine Abtheilung vor die andere zu führen und dadurch das Feuer der hinteren, auf deren Unterstütznng doch gerechnet wird, zu maskiren und überhaupt leichter Unordnung in die ganze Bewegung zu bringen.

Diese Bedenken sind nicht ganz ohne Berechtigung, trotzdem erscheinen sie nicht durchgreifend genug, das entgegengesetzte Verfahren zu einem prinzipiellen (reglementarischen) machen zu sollen, da es in praxi zu häufige Ausnahmen benöthigen wird. Es scheint erfolgreicher den Nachtheilen des bruchstückweisen Vorgehens dadurch entgegenzuarbeiten, daß man dasselbe grundsätzlich nur durch ganze Züge (moralischer Einfluß der Offiziere) und nicht weiter als maxime 50—80 Schritt über das stehengebliebene Nebenbruchstück hinaus, ausführen und diese Form auf den Exerzierplätzen durch häufige Uebungen zur zweiten Natur werden läßt.

So verführerisch es dabei — im Interesse der Ordnung — erscheinen mag, feste reglementarische Normen zu geben über die Reihenfolge z. B. in welcher sich die einzelnen Züge vorzuwerfen hätten, man hüte sich davor, als vor einer im feindlichen Feuer undurchführbaren Künstelei. Man überlasse im Frieden der Laune des Leiters der Schützenlinie und seiner Unterführer, was im Kriege das Resultat der Beachtung des eigenen und des feindlichen Feuers sein muß. Höchstens mag im Frieden eine Zeitgrenze (zwei-, dreimal durchfeuern) des Liegenbleibens gegeben werden, die sich im Kriege auch von selbst findet.

Wir kommen damit zu einer letzten Frage über die Art der Heranführung der Vorbereitungstruppe, der Frage nach ihrer Leitung.

Es ist ein militärischer Grundsatz, der hier wohl nicht erst vertheidigt zu werden braucht, daß ein auf ein Ziel gerichtetes Unternehmen auch einer einheitlichen Leitung untersteht.

Um diesen Grundsatz seiner inneren Bedeutung entsprechend durchführen zu können, ist es also nothwendig, daß da, wo zur Erreichung eines Zieles eine Truppenmasse verwendet werden muß, die kein einzelnes Ganze mehr repräsentirt, sondern aus verschiedenen relativ selbstständigen Unterabtheilungen zusammengesetzt ist, jedem dieser Unterführer ein Theil des einen zu erreichenden Zieles, als sein spezielles Objekt zugewiesen werden muß. —

Trotz allem Theoretisiren über den Begriff: taktische Einheit, wird auch der fanatischste Verehrer der Kompagniecolonne, nicht über das Eingeständniß wegkommen, daß die Kompagnie zur Durchführung eines Angriffs durch seine drei Stadien — wenn man die großen Verhältnisse in Betracht zieht — ein zu kleiner Körper ist.

12 Compagniecolonnen werden nicht im Stande sein, jede selbstständig den Ansprüchen der Vorbereitung und Durchführung

eines Angriffs, geschweige denn seines dritten Stadiums, entsprechen zu können; während drei Bataillone dies unbedingt können.

Was von den Compagnien allgemein gilt, hat in beschränkterem Maaße auch bei einzelnen Bataillonen seine Berechtigung. Drei Bataillone, jedes selbstständig, werden wohl jedes dem ersten und zweiten Stadium des Angriffs, aber schwerlich jedes für sich dem dritten Stadium gewachsen sein.

Wir werden auf diese Verhältnisse bei der Besprechung der bei den weiteren Stadien des Angriffs ausführlicher zurückkommen müssen, hier geschah ihrer nur um deßwillen vorläufige Erwähnung, um zu dem (wohl zweifellosen) Endresultat zu gelangen, daß bei der oben angedeuteten nothwendigen Zerlegung eines Angriffszieles in einzelne Angriffsobjekte vernünftigerweise nicht unter ein Bataillon hinabgegriffen werden darf.

Andrerseits haben wir oben die Normalangriffsbreite eines Bataillons auf etwa 300 Schritt berechnet und es ergibt sich aus dieser Ausdehnung, daß man auch schwerlich jemals mehreren Bataillonen nebeneinander, dasselbe Detailangriffsobjekt (Haus, Dorfeingang, Waldecke ꝛc. z. B.) wird anweisen können.

Auch hierauf wird bei der „Durchführung" weiter zurückzukommen sein, für das Nachfolgende genügt es, wenn im Allgemeinen zugegeben wird, daß in der Praxis gewöhnlich je einem Bataillon der Angriffsfront ein bestimmtes Objekt zur Wegnahme gegeben werden wird und muß.

Dies zugestanden fragt es sich nun: ist es für das Bataillon rationeller die für die Vorbereitung nothwendig erkannten zwei Linien — Schützen und Soutiens — in ihrer Frontbreiten- oder in ihrer Tiefenrichtung unter einheitlichen Befehl zu stellen?

Eliminiren wir aus dieser Frage, auf Grund des Prinzips von einheitlicher Leitung bei einheitlicher Aufgabe, zunächst sofort — als wohl nicht ernstlich debattirbar, den Fall, daß alle Compagnien eines Bataillons sich etwa gleichmäßig an der Bildung der Vor- und der Haupttruppe betheiligen könnten, so bleibt für uns nur die Erwägung übrig:

 sollen gleich von Hause aus zwei Compagnien nebeneinander die Schützen- und die Soutienslinie stellen, oder sollen diese Compagnien hintereinander die eine die Schützen- die andere die Soutienslinie bilden?

Zur Beantwortung dieser Frage wird es nützlich sein, die Aufgabe jeder dieser Linien und ihre Wechselwirkung etwas näher ins Auge zu fassen.

Die erste oder Schützenlinie hat in dem vorliegenden Falle, wo es sich für das Bataillon um die Führung eines ihm bestimmt vorgezeichneten Offensivstoßes handelt, unbedingt eine einheitliche auf ein Ziel gerichtete Aufgabe. Diese Aufgabe besteht darin, aus einer Frontbreite von grundsätzlich nicht über 300 Schritt Ausdehnung ein näher zu bestimmendes, jedenfalls schmäleres Stück der gegenüberliegenden feindlichen Stellung möglichst durch die eigene Feuerwirkung zu erschüttern und für den Einbruch der folgenden Haupttruppe mürbe zu machen. Dieser Einbruchspunkt wird sich meist erst ganz bestimmt auswählen, d. h. die vortheilhafteste Stelle dafür erkennen lassen, wenn man der gegnerischen Stellung ziemlich nahe gekommen ist. Auf ihn ist dann ein möglichst concentrisches Feuer zu dirigiren, was bei einer Breite von nur 300 Schritt sich von der Linie im Ganzen auch dann wird leisten lassen, wenn der zu wählende Punkt zufällig dem einen Flügel gegenüber gefunden werden sollte.

Man sieht: das Alles sind Anforderungen und Leistungen, wie sie unbedingt am vortheilhaftesten unter einheitlicher Leitung erlangt werden, während umgekehrt die räumlichen Verhältnisse diese Einheit noch durchaus nicht unmöglich machen. Die Vorzüge dieser einheitlichen Leitung haben sogar französische Taktiker verführt, bei einem Angriff mehrerer Bataillone, ein ganzes Bataillon in Schützen auflösen zu wollen; ein zuviel, welches an dem Uebelstande scheitern muß, daß dieser Linie kein einheitliches Ziel mehr gesteckt werden kann! Vergleichen wir dieses Bild der einen Compagnie, mit dem einer von zwei gleichberechtigt nebeneinanderstehenden, selbstständigen Führern vorgeführten Schützenlinie (selbstredend gleiche Gesammtstärke dieser Linie vorausgesetzt) aus je zwei Halbcompagnien gebildet, so wird sich schon allein beim Heranführen eine größere Reibung zeigen, als dies bei nur einer Compagnie der Fall wäre. Die beiden Halbcompagnien werden auf das abtheilungsweise Avanciren nicht so eingespielt sein, als die eine an Zeichen und Winke ihrer Offiziere gewöhnte. Die Urtheile der beiden Führer über den Moment, wo sie zur Auflösung der vollen Schützenquote schreiten müssen, wo fernere Verstärkungen aus den Soutiens nöthig werden, wird ebensowenig leicht übereinstimmen, als die Anschauungen über den Moment, wann oder die Linie aus welcher nun das eigentliche bis zum Sturm fortzusetzende Schnellfeuer nach der momentanen Sachlage zu beginnen hat. Da unter wirksamer Schußweite die Entfernung von 200 Schritt bis fast 400 Schritt verstanden werden kann, riskirt die Schützenlinie bei einer Verschiedenheit der Auffassung in dieser Richtung zwischen beiden Führern, von denen Jeder nur die Augen insoweit auf seinen Nebenmann haben wird, daß er von diesem nicht überholt werde, partielle Niederlagen — das schlimmste, was einer Vorbereitung geschehn kann. Es ist ferner nicht absolut nothwendig, daß beide Führer immer über den geeignetsten Einbruchs-Punkt in die feindliche Linie einig sind; die concentrische Richtung des Angriffsfeuers leidet darunter zum Nachtheil des Ganzen; denn schließlich ist ein etwas ungünstigerer Angriffspunkt gehörig unter Feuer genommen immer noch vortheilhafter, als ein besser gelegener, aber vorher weniger beschossener.

Noch eins tritt hinzu: während die aus einer Compagnie gebildete Schützenlinie eine natürliche Gravitation nach der Mitte, resp. der eine Chef über seine etwa entgegengesetzte Gelüste zeigenden Lieutenants genügende Haltekraft haben wird und muß, ist es kein bloßes Phantasiebild, daß zwei nebeneinander vorgehende Compagnien eine decidirt centrifugale Neigung zeigen und — rechnen wir doch nur mit der menschlichen Natur — immer wieder trotz aller Theorie im Ernstfalle haben werden.

Man wende nicht ein, daß der Bataillonscommandeur da wäre, alle diese Nachtheile des zweitheiligen Vorgehens zu contrecarriren. Ihm liegt die Führung des ganzen Angriffs ob, für ihn ist die Richtung, die er seiner Haupttruppe zu geben hat, das wichtigste, weil davon der Erfolg oder Nichterfolg seines Bataillons abhängt. Uebernimmt er persönlich die Leitung seiner Vorcompagnien, so kommen ihm — und das ist keine Phrase, sondern durch gar manniche Kriegsbeispiele zu erhärten — gar leicht seine Haupt-Compagnien in falsche Richtung oder auch ganz abhanden. Er muß sich darauf beschränken, seiner Vortruppe die allgemeine Direction zu geben, die Detailausführung überläßt er aber sicher besser einem als zwei Unterführern.

Auch das andere etwa anwendbare Auskunftsmittel, dem älteren der beiden vornen befindlichen Hauptleute das Commando über beide Compagnien zu geben, erscheint bei der Mißlichkeit einer solchen Zwitterstellung nicht im Verhältniß zum wirklich erreichbaren Resultat. Es widerstrebt zudem zu sehr dem Usus der Armee, welche ein solches „Commandoübernehmen" unter gleichen Chargen wohl hinten, so lange der Commandeur sich vornen orientirt, aber nur sehr ungern im Drange der Gefahr und Entscheidung kennt.

Endlich mag noch als verstärkender Grund für das vorgeschlagene Verfahren, der Möglichkeit gedacht werden, daß, — was doch vorkommen kann, — der Angriff nicht auf den erwarteten Widerstand stößt und dann die Schützen gar nicht der starken Soutiens bedürfen. Auch für diesen Fall ist es unbedingt vortheilhafter, zuerst nur eine, statt gleich zwei Compagnien nebeneinander durch Auflösung von Schützen „angebrochen" zu haben.

Es würde unbedingt in Theorie und Praxis der einheitlichen Formation der Schützenlinie kein Bedenken und keine Widerrede entgegenstehen, wenn nicht die zweite Seite der Sache, die Unterstützungsfrage wäre!

Was nun zunächst die Soutienslinie als solche, d. h. ihre eigenthümliche Aufgabe angeht, so erscheint es uns eben so naturgemäß für ihre einheitliche Leitung, wie für die der Schützenlinie zu plaidiren. Hatte dort diese Empfehlung eine mehr positive, so hat sie hier eine mehr negative Bedeutung. Zwei Erscheinungen treten uns nämlich in der Praxis so außerordentlich leicht und oft entgegen, welche beide in derselben nicht empfehlenswerthen Richtung wirkend, ein Gegengewicht mindestens wünschenswerth erscheinen lassen. Die Schützenlinien vornen hätten nämlich immer gern die Soutiens so nahe, wie möglich heran oder herein und behaupten stets mit Vorliebe, daß sie diesen oder jenen großen Erfolg hätten erreichen können, „wenn nur die Soutiens näher herangewesen wären!" Und die Soutiens hinten haben immer das Bestreben, ihre undankbare Rolle als Kugelfang aufzugeben und sich selbstthätig in die Schützen zu mischen. Die beiderseitige Tendenz wird aber unbedingt vermehrt, durch die Nähe der Verwandtschaft, in welcher Schützen und Soutiens stehen.

Diese Tendenz, die man im Geiste eines mit bewußter Energie und nicht blos mit blindem Elan geführten Angriffes unbedingt verwerfen muß, weil sie nur allzuleicht entweder zu jener oben gerügten Ueberfülle der Schützenlinie oder zu einer übermäßigen Frontverbreiterung führen muß; wird — das ist nicht zu läugnen — mindestens abgeschwächt, wenn die persönlichen Beziehungen zwischen Schützen und Soutiens sich mindern. Mit andern Worten, wenn an Stelle des mit seinem ersten Zuge in die vorderste aufregendste Feuerlinie geeilten Hauptmanns, ein anderer zweiter die selbstständigen und nur nach seiner gewissenhaften Ueberzeugung zu verwendenden Soutiens, beeinflußt, so wird jener gerügte Uebelstand leichter vermieden werden als im andern Falle.

Der selbstständige Führer der Soutiens, selbstverständlich über die Gefechtslage vornen orientirt, aber andrerseits auch von hinten die Situation der Schützenlinie besser übersehend, als derjenige, der mitten darin steckt, kann ruhiger und richtiger über Zeit, Ort und Stärke der zu leistenden Unterstützung urtheilen und wird — da es eben seine Truppe ist — voreiligen Gelüsten der Unterführer erfolgreich entgegentreten.

Die Initiative hat der eine Führer der Schützenlinie gegeben; für den Führer der zweiten Linie kann es sich nunmehr nur darum handeln dieser Richtung zu folgen; die Verführung eine eigene zu suchen, bleibt ihm ferner; er ist der zweite Tropfen auf denselben Fleck des Steins, den der dritte höhlen soll!

Soweit, wird man vielleicht sagen, ist Alles gut — aber jetzt kommt der Moment, wo diese Unterstützung faktisch geleistet werden soll, wo die feindliche Kugel oder durch das Terrain veranlaßte, unwillkürliche Ausbreitungen über die Normale hinaus, Lücken in die Schützenlinie gerissen haben, die geschlossen werden müssen. Was bleibt da anders übrig, als das Eindoubliren einer Compagnie in die andere, die Vermischung, die Unordnung! Und dieses Aber allein wirft alle diese Theorien über den Haufen!?

Ehe wir auf diesen neuen Einwurf näher eingehen, müssen wir nachholend, einen Blick auf den Einfluß werfen, welchen das seither Erörterte auf die Frage nach der Marimalangriffsfrontbreite eines Truppentheils haben kann, von der vorher behauptet war, daß diese Betrachtungen sie auf ihre erlaubten Grenzen zurückführen werde.

Wir gehen dabei wiederum von dem Verhältniß eines Bataillons aus, ohne uns jedoch dasselbe isolirt kämpfend zu denken. Bei normaler Entwickelung einer aus mehreren Bataillonen gebildeten Angriffslinie sind es zuerst die Flügelbataillone, denen durch die Nachbarschaft keine natürlichen Grenzen gezogen sind; aber, auch für die mittleren Bataillone kann der Fall eintreten, daß eine solche Beschränkung ihrer Ausbreitungsfähigkeit entweder gleich von Hause aus nicht vorhanden oder durch den Gefechtsverlauf verloren gegangen ist.

Bis zu welchem Grade kann, darf, event. muß ein solches Bataillon die ihm gewordene Freiheit der Breitenentwickelung benutzen?

Wir abstrahiren zunächst, als hier nicht zur Sprache zu bringen, von jeder Umgehungs- resp. Umfassungstendenz; wir haben es hier nach der Voraussetzung nur mit einer Truppe zu thun, welche ein ihr gegebenes Objekt in Front anzugreifen hat.

In dieser Richtung haben wir, wenn auch allerdings vielleicht schon späteren Speculationen vorgreifend, oben constatirt, daß eine solche Truppe mindestens die Hälfte ihrer Stärke auf den Hauptstoß rechnen müsse. Wir haben ferner den Grundsatz für richtig erkannt, daß eine Vorbereitungslinie so stark, so dicht als möglich sein müsse, andrerseits aber auch die Möglichkeit der Concentrirung ihres Feuers auf die Einbruchsstelle als besonders wichtig hervorgehoben. Es ist schließlich der Nothwendigkeit für den Commandeur gedacht, seinen Angriff einheitlich leiten zu müssen.

Aus diesen drei Faktoren wird sich für den Führer die Maximalbreite ergeben, welche er seinem Angriff geben kann, wenn derselbe nach einer wirklichen Durchführung fähig bleiben soll.

Er kann als äußerstes die Hälfte seiner Kraft zur Vorbereitung ausschwärmen lassen. Diese Hälfte kann, wenn sie den Regeln des Vorbereitungsfeuers entsprechen will und unter Annahme nur mäßiger Verluste, die Normalbreite um vielleicht $2/3$ der eigenen Ausdehnung vermehren d. h. für ein Bataillon dieselbe von 300 auf 500 Schritt vergrößern.

Bedingung hierfür bleibt, daß diese Linie — was allenfalls angängig sein wird — ihr Feuer noch concentriren kann, daß das Terrain eine solche Annäherung der Haupttruppe an die Schützen gestattet, daß diese sofort unterstützt werden können — was schon fraglich werden kann, und endlich, als das wichtigste, daß der Commandeur noch seinen unbedingten Einfluß von einem Flügel bis zum andern geltend halten kann — was jedenfalls (und gar zu Fuß!) schwierig sein wird!

Sobald aber auch nur eine dieser Bedingungen unerfüllt bleibt, tritt der Angriff aus der Kategorie einer bewußten, auf ein Ziel gerichteten That — in die der Zufälligkeit!

Darin liegen die Grenzen für die Frontausdehnung!

Nun zurück zur Frage der Eindoublirung.

Eindoubliren, ein mißliches Wort und wirklich eine noch mißlichere Sache und dennoch heute unvermeidlich!

Ein Taktiker der Friderizianischen Zeit, dem man gesagt hätte, es wird, es muß dazu kommen, daß jeder einzelne Infanterist schießt, wann er will und kann; die Bataillons-Compagnie-Pelotonsalven werden ein überwundener Standpunkt werden, würde dem gegenüber wohl nur ein Achselzucken der Verachtung über die heillose Unordnung gehabt haben. Trotzdem ist auch die Zeit gekommen, wo die Armee, ohne die Friderizianischen Traditionen zu verläugnen, sich ganz gut in diese Unordnung gefunden hat.

Sollte es vielleicht nicht mit der Besorgniß vor dem Eindoubliren ebenso gehen?

Zunächst steht das Faktum fest, daß das Eindoubliren sogar einzelner Rotten unter einander (und soweit braucht man heute nicht einmal zu gehen) in der Armee schon reglementarisch existirt hat, von kriegserfahrenen Führern eingeführt und durch den Ersatz vor 20, 30, 40 Jahren ausgeführt worden war. Sollte der heutige Ersatz das nicht auch leisten können? Man wird freilich entgegnen, es ist auch abgeschafft, als unpraktisch und Niemand wird läugnen, daß das ein hoher Fortschritt war, weil eben der damalige Entwickelungsstand der Elementartaktik dieser Form nicht bedurfte.

Heute aber steht die Sache wieder anders. Das Eindoubliren überhaupt ist nicht mehr zu vermeiden!

Die Grundbedingung, daß Schützen im wirksamen Feuer des Feindes sich ohne zermalmende Verluste seitwärts bewegen (zusammenschieben) können, existirt nicht mehr dem Hinterlader gegenüber und damit wird die Form der Eindoublirung für jede von hinten kommende Verstärkung einfach eine nothwendige!

Wir werden noch einmal bei der Durchführung des Angriffs auf dieses Thema kommen und es wird dort großartigere Dimensionen annehmen, als die sind, um die es sich hier handelt.

Wenn aber einmal feststeht, daß die Sache im Kleinen, wie im Großen nicht zu umgehen ist, so thut man, scheint es, auch gut, sie franchement zu acceptiren.

Die Gefahr, die man kennt, sagt das Sprichwort, ist keine Gefahr mehr; nun denn: die Unordnung, die man reglementsmäßig macht, ist auch keine Unordnung mehr!

So kommen wir auch bei der nächst vorliegenden Frage nicht um das Eine herum: eindoublirt muß werden, freilich auf die eine Art: von Zügen einer Compagnie in die derselben; auf die andere Art in die einer andern Compagnie. Wir möchten behaupten, nur scheinbar ist der letztere Fall schlimmer, als der erste. Wird einmal die ursprüngliche Gliederung einer Gefechtsfront durchbrochen, so ist es für den Lauf des brennenden Kampfes — und nur um solche Momente handelt es sich — ziemlich gleichgültig durch wen das geschieht. In den Kampfesmomenten, wo solche Vermischungen eintreten, eintreten müssen, in diesen Momenten der höchsten Gefahr und der höchsten Excitation tritt für den gemeinen Mann die bestimmte Persönlichkeit seines Führers zurück, gegen den Impuls einer Persönlichkeit überhaupt. Wer dann es auch sei, die Leute folgen dem Beispiel, dem tapferen Mann, dem Helden, ob er von ihrer oder einer andern Compagnie ist!

Das sind die Augenblicke, wo höhere Führer, oft selbst dem Soldaten ganz unbekannt, ihn mit sich fortreißen; wo Lieutenants sich ihre Lorbeeren geholt haben mit Leuten, die sie vorher und nachher nie gesehn.

Für diese Momente, sagen wir, ist es gleichgültig, ob die Eindoublirung aus derselben oder einer andern Truppe erfolgt ist. Wenn aber der Kampf vorbei, wenn aus der momentanen Unordnung so rasch als möglich die alte Ordnung wieder hergestellt werden soll und muß, so wird das leichter geschehen, wenn blos zwei Truppentheile, als wenn die Unterabtheilungen desselben Ganzen zu sortiren sind.

Seine Compagnie kennt jeder Soldat, und Offiziere und Unteroffiziere finden die Leute ihrer Compagnie rasch zusammen; in welchen Zug er aber grade heute einrangirt war, vergißt mancher leicht und der Offizier, der die ganze Compagnie kennt, braucht doch nicht grade zu behalten, ob der Kunz eben heute in seinem Zuge gestanden.

Dem Allen — daran ist kein Zweifel — sind immer noch diese und jene sehr triftige Bedenken entgegenzuhalten. Trotzdem und Alles gegeneinander abgewogen, aber möchten wir dennoch vorschlagen, die Grundsätze für die Vorbereitung eines Angriffs zusammenzufassen wie folgt:

1) Zur wirksamen Vorbereitung eines Angriffs ist es nothwendig, eine Schützenlinie auf 200—400 Schritt an die feindliche Stellung heranzubringen und eine zu bestimmende Einbruchsstelle in derselben concentrisch und ununterbrochen beschießen zu lassen, bis der Sturm selbst erfolgen kann.

2) Um dies zu erreichen, bedarf eine Angriffstruppe der Theilung ihrer Kräfte in eine Vor- und eine Haupttruppe.

3) Das Stärkeverhältniß dieser beiden Theile ist so zu regeln, daß zur Vortruppe $1/4$—$1/2$ der Gesammtstärke zu bestimmen ist.

4) Die Vortruppe zerlegt sich in eine Schützen- und eine Soutienslinie.

Die Schützenlinie hat so viele Gewehre in Thätigkeit zu bringen, als das Terrain irgend gestattet; die Soutienslinie, bestimmt, die Ausfälle in der Schützenlinie zu decken, muß zu diesem Zwecke im freien Terrain ebenso stark, als die Schützenlinie sein, darf aber bei günstigen Verhältnissen bis zur Hälfte dieser Stärke sinken.

5) Je größere Deckung das Terrain gewährt, eine desto größere Breite kann die Schützenlinie im Vorgehen einnehmen. Die Grenze dieser Ausbreitung liegt in der vorhandenbleibenden Möglichkeit einer einheitlichen Leitung des ganzen Angriffs und

der Concentrirung des Schützenfeuers auf einen Punkt. Sie wird für ein Bataillon von 1000 M. von 300 bis 500 Schritt variiren können.

6) Im Interesse einer einheitlichen Leitung wird es liegen, für jedes Bataillon des Angriffs die Schützenlinie durch eine und die Soutienslinie durch eine andere Compagnie bilden zu lassen.

7) Die Schützenlinie geht von der Grenze des sie erreichenden feindlichen Artilleriefeuers in einem Zuge bis in die Grenze des wirksamen feindlichen Infanteriefeuers vor. Die sie bildende Compagnie ist jedenfalls, ehe sie das erkennbare Ziel des feindlichen Feuers werden kann, in eine Linie aufgelöst, auch wenn sie anfangs noch eigene Soutiens gebildet hatte.

Dieses Vorgehen bis auf 1200—800, womöglich 600 Schritt an den Feind, erfolgt solange irgend möglich, ohne eigenes Feuern, nur wo man des animirenden Einflusses desselben nicht entbehren kann oder bestimmte Gründe vorliegen (Vertreibung feindlicher Vorlinien ꝛc.) ist ein befohlenes Einzelfeuer gestattet.

In der Sphäre nicht mehr rein zufälliger Verluste durch Infanteriefeuer angelangt, ändert die Schützenlinie ihr Vorgehen im Ganzen in ein sprungweises Vorlaufen und Niederwerfen einzelner Unterabtheilungen ab.

Soweit angängig (Terrain und Benutzung besonders günstiger Momente bilden Ausnahmen) erfolgt dieses Vorgehen je mit ganzen Zügen und nicht weiter als je 50—80 Schritt jedesmal; ob flügelweise nachziehend, oder schachbrettförmig überspringend ist gleichgültig. Die jedesmal liegenden Theile beschützen durch wohlgezieltes, ruhiges Feuer das Avanciren der anderen.

Erst wenn die wirksamste Nähe vom Feinde erreicht ist, von 400—200 Schritt etwa an, erfolgt auf ganz ausdrücklichen Befehl oder Signal, und möglichst concentrisch auf ein vorher angegebenes Ziel das Schnellfeuer, welches bis zum Moment des wirklichen Anlaufs durchzuhalten ist.

8) Der Abstand der Soutienlinie von der Schützenlinie und die Art ihres Vorgehens wird durch die Bestimmungen über das Verhalten der geschlossenen Abtheilungen des Angriffs geregelt (cfr. später: Durchführung).

9) Die Verstärkung der Schützenlinie aus der Soutienlinie erfolgt durch Einboublirung soweit angängig einheitlicher Unterabtheilungen (Züge, Gruppen) zwischen einheitliche Unterabtheilungen der ersten Linie; Ausschlag gebend aber bleibt dabei doch immer die möglichst günstige Wirkung auf den Feind.

II. Das Stadium der Durchführung.

Wenn es die Aufgabe der Vorbereitung war, dem Angriff die Wege bis an den Vertheidiger zu bahnen, so wird es jetzt Sache der Durchführung, mit möglichst hoher Stoßkraft die vorhandene Widerstandskraft des Gegners zu brechen.

Trotz aller Vorarbeit wird der Angriff nicht um dieses Aeußerste herumkommen, denn wie wir sehen werden, stehen dem Vertheidiger nicht unbedeutende Mittel zu Gebote, seine Widerstandskraft direct und indirect so zu stützen, daß es wohl nur ausnahmsweise der Angriffsvorbereitung gelingen wird, sie bis zur Unfähigkeit zu erschüttern.

Werden wir auch später auf diese Faktoren bei der Behandlung der Defensive weitläufiger zurückkommen müssen, so können wir hier doch schon nicht umhin, ihre indirecten Hülfsmittel in Betracht zu ziehen.

Diese Mittel sind: das Feuer, bestimmt, die Stoßkraft des Angreifers zu erschüttern, zu brechen, ehe es möglich geworden, dieselbe bis unmittelbar an die Vertheidigungs-Stellung heranzutragen.

In dieser Feuerwirkung aus dem Stehen auf den sich bewegenden Gegner liegt die Gefahr für den Angriff, seine numerische und moralische, vorhandene oder erstrebte Ueberlegenheit, erschüttert, gebrochen, vernichtet zu sehen.

Die Natur dieses Feuers müssen wir studiren, wenn wir die Gegenmittel des Angriffs suchen wollen.

Diese Untersuchung führt uns zuerst über das Gebiet der Infanterietaktik hinaus, wir bekommen es in erster Linie mit der Artillerie zu thun.

Ohne uns hier des Weitläuftigeren auf die Verwendung der Artilleriewaffe in Offensive und Defensive einlassen zu wollen, müssen wir doch schon so viel daraus hervorheben, daß wir sagen, der Angriff ist von der Defensivartillerie nicht auf jede von derselben überhaupt zu prestirende Treffweite gefährdet, sondern erst von derjenigen Entfernung an, auf welche dieselbe — die doch auch ihre Schüsse nicht aufs Gerathewohl hin verschwenden darf — ihr Ziel und ihre Treffer deutlich beobachten kann. Thut die Defensivartillerie das nicht — desto besser für den Angriff.

Wir sind darnach berechtigt mit der Artillerie der Vertheidigung erst von derjenigen Grenze an zu rechnen, wo sie — nach der Leistungsfähigkeit ihres heutigen Materials — im Stande ist, ein Ziel von derjenigen Größe, wie es ihr ein Angriff im allerersten Moment seiner Entwickelung nach dem Standpunkt der heutigen Kriegführung allenfalls bieten kann, mit einiger Wahrscheinlichkeit des Erfolgs zu treffen.

Will man sich nicht in Sophismen verlieren b. h. Terrainverhältnisse und Angriffsmassen annehmen, wie sie unter hundert Fällen kaum einmal in Wirklichkeit vorkommen werden, so kann man sich begnügen, aus dem seitherigen zu folgern:

"eine Angriffsmasse von mehreren (d. h. mehr als drei bis vier) Bataillonen oder Batterien in Rendezvous-Formation tritt, besonders günstige Terrainconfigurationen für die Defensivartillerie ausgenommen — von c. 3000 Schritt an in den Bereich des nicht mehr zufälligen feindlichen Artilleriefeuers."

Dem Angriff günstige Terrainverhältnisse und andere Umstände (trübes Wetter, der Pulverrauch eines schon wogenden Kampfes ꝛc.) können diese Grenze außerordentlich verkürzen, wie sie umgekehrt ja auch noch weiter hinausgeschoben zu werden, genöthigt sein kann. Hier aber, wo es darauf ankommt, die Durchschnitts-Chance ins Auge zu fassen, halten wir 3000 Schritt vom Feinde fest, als den Punkt, von welchem aus der Angriff sich entwickeln, von welchem aus er nach dem früher Gesagten unter den meisten Umständen grad' ausgehen muß.

Die Vorbereitung beginnt ihre Action, nach äußerster Möglichkeit unterstützt durch eine der Defensiven überlegene Offensivartillerie! Wir haben es hier nur mit Infanterietaktik zu thun, aber der Moment muß hervorgehoben werden, wo die Unterstützung durch eine Schwesterwaffe so nothwendig, so hochwichtig, so entscheidend kann man sagen, wird, wie hier.

Von diesem Moment an bis zu dem letzten des wirklichen Einbruchs sieht sich die Angriffstruppe einer zweiartigen Feuerwirkung der Vertheidigung gegenüber — einer gezielten und einer zufälligen! Ein Umstand, den die seitherigen Theorien und Versuche vielleicht nicht ganz in dem Maaße gewürdigt, wie er es behufs Beantwortung unserer Formationsfrage verdient.

Die Vertheidigungsartillerie, bald auch die Infanterie, wird das Objekt einer offensiven Feuerwirkung. Dadurch wird ihre Hauptaufmerksamkeit, ihre Hauptthätigkeit von der eigentlichen Durchführungstruppe des Angriffs abgelenkt. Je mehr dies der Vorbereitung gelingt, desto besser, umgekehrt aber wird die Vertheidigung, wenn sie geführt wird, wie es sein soll, dieser Verführung entgegenarbeiten. Trotzdem wird ihre Feuerthätigkeit nicht umhin können, wenn auch nicht die allererste Linie des Angriffs, so doch ihre Soutiens und Batterien zum Ziel zu nehmen. Damit aber wird ihre Wirksamkeit auf die Angriffs-Haupttruppe zur sekundären, zufälligen Rolle herabgesetzt. Verwehrt das Defensivfeuer nicht der starken Vortruppe des Angriffs die Annäherung, so riskirt es bald von dieser gedämpft zu werden, concentrirt es sich aber auf sie, so erleichtert es wiederum indirect der Angriffshaupttruppe das Vorgehen.

Auf diesem entweder — oder beruht überhaupt nur die Möglichkeit der Offensive; auf der anderen Seite die Nothwendigkeit einer starken Angriffsvortruppe.

Hat der Angriff eine starke Vortruppe, so erscheint seine Haupttruppe weniger gefährdet und wir haben damit die Begründung der Forderung gegeben, welche bei der Besprechung der Vorbereitung einstweilen gestellt war: daß die dazu bestimmte Truppe $1/3 - 1/2$ der Gesammtstärke repräsentire. (Dazu: die gesammte disponible Artillerie!)

So kommen wir zu dem Resultat: daß nur die Vortruppe des Angriffs in ihrer Gesammtheit das Objekt der Zielschüsse des Vertheidigers sein wird, sein kann; daß es sich für die Haupttruppe bis zu dem Moment, wo sie mit der Vortruppe zu einem

Ganzen zusammenschmilzt — wie wir im weiteren Verlauf der Untersuchung sehen werden, zusammenschmelzen muß — nur um eine mehr oder weniger bedeutende Zufallswirkung des feindlichen Feuers handelt — eine Regel, von welcher abzuweichen nur eine ungeschickte Massenformation der Haupt- oder die Unthätigkeit der Angriffs-Vortruppe (Artillerie) die Vertheidigung veranlassen kann.

Je näher eine zweite Linie einer ersten folgt, welche das Zielobjekt des Feindes ist, desto größer muß auch die Mitleidenschaft sein, in welche sie gezogen wird. Es ergäbe sich daraus die Nothwendigkeit für die allgemeine Formation des Angriffs die Abstände zwischen den der Zeit nach hintereinander zur Thätigkeit berufenen Abtheilungen, auch dem Raum nach so weit zu vergrößern, als es jene Zeitfrage nur irgend gestattet.

Nun haben wir bei Besprechung der Vorbereitung bereits gefunden, daß die Haupttruppe von dem Moment an, wo die Vortruppe ihre Schnellfeuerwirkung beginnt, füglich nicht weiter als 500 Schritt höchstens von derselben ab sein darf, wenn sie nicht zu spät kommen soll.

Dieser Abstand wird aber auch in der Zeit der Vorwärtsbewegung bis zur Schnellfeuerstellung hin, sich nicht wesentlich vermehren lassen können. Es sind schon oben zum Theil die Gründe angegeben worden, warum es vorzuziehen ist, eine auf ein Angriffsobject dirigirte Truppe auch in der Tiefenrichtung (Vor- und Haupttruppe) unter einheitlicher Leitung zu lassen. Als Bedingung für die Möglichkeit dieser Einheit, war in der Breitenrichtung eine Ausdehnung von 500 Schritt als Maximalgrenze gefunden, diese selbe Entfernung muß aber jetzt auch in der Tiefenrichtung als im Allgemeinen nicht wesentlich überschreitbar festgehalten werden, wenn nicht für den Commandeur die Gefahr entstehen soll, die eine oder die andere Hälfte seiner Truppe aus der Hand zu verlieren.

Für das Haupttreffen eines Bataillons wird es daher dabei sein Bewenden behalten müssen, daß dasselbe höchstens in den ersten Momenten des Angriffs bis auf max. 600 Schritt von seiner ersten Schützenlinie abbleiben kann.

Da grundsätzlich der Angriff von dem Moment an, wo er angesetzt (angetreten) ist bis zu dem Moment des Einbruchs keinen

Aufenthalt machen darf, wenn er sich nicht compromittiren will; da aber andrerseits das bruchstück= und sprungweise Vorgehen, zu welchem sich die Vortruppe im wirksamen feindlichen Infanteriefeuer genöthigt sieht, ihr Avanciren verlangsamen muß, während das Haupttreffen das gleiche Tempo beibehält, so wird dieses in dem Moment, wo das Schnellfeuer beginnt, jene Maximalentfernung schon leicht auf 400, 300 Schritt verkürzt haben.

Bleibt es, wie es geschehen muß, in der Vorwärtsbewegung, so verringert sich auch die Zeit des stehenden Schnellfeuers auf nur 2—3 Minuten, da aber über die Schützen hinaus noch eine Entfernung von 200—400 Schritt zurückzulegen ist, welche nicht ohne intensivste Feuerhülfe durcheilt werden kann, so bleibt trotzdem der Schnellfeuer=Vorbereitung Zeit genug für ihre Aufgabe.

Es fragt sich jetzt, von wann an — bei solch' gegebenen Abständen — tritt die Haupttruppe in Mitleidenschaft des auf die Vortruppe gerichteten Feuers.

Die Antwort wird verschieden ausfallen, je nachdem es sich dabei um Artillerie= oder Infanteriefeuer handelt. Jeder, der einen Angriff mitgemacht, wird es bestätigen: die Gefahr beginnt für die zweite Linie — mit Infanteriekugeln! (zu denen sich wohl nur event. Mitrailleusen und ausnahmsweise verirrte Shrapnel=Geschosse gesellen werden).

Das moderne Infanteriegewehr schleudert seine Projectile bis auf 1200 und 1800 Schritt! Der einzelne Infanterist, wenn er sein Feuer beginnt, ist nicht in der Lage die Entfernung von seinem Ziele genau zu bemessen, seine Fehlschüsse sind und müssen immer massenhaft vorkommen, sie werden um so zahlreicher sein, auf je weitere Entfernung das Feuer begonnen hat; alle diese Fehlschüsse aber, machen das hinter dem gewollten Ziele liegende Terrain zu einer sehr gefährlichen, aber auch gänzlich unberechenbaren Unsicherheitssphäre für Alles, was sich darauf bewegt.

Die moderne Artillerie dagegen besitzt weit ergiebigere Hülfsmittel, ihre Zielschüsse zu controliren, resp. zu corrigiren und die Distance zu messen. Bei der Eigenthümlichkeit ihrer Geschosse sind aber ihre Fehler nur soweit gefährlich, als die Taxation der Entfernung sich geirrt hat; was erfahrungsmäßig — zum Nutzen des Angriffs — weit eher „zu kurz", als „zu weit" eintritt.

Das heißt in's Praktische übersetzt: eine im zweiten Treffen einer andern folgende Truppe, tritt, wenn diese das Zielobject feindlicher Artillerie ist, höchstens in Mitleidenschaft, wenn sie derselben näher als c. 300 Schritt folgt!

Ist aber die erste Linie das Zielobject feindlicher Infanterie, so wird die zweite Linie voraussichtlich von der Grenzmarke der Tragweite des feindlichen Gewehrs an in Mitleidenschaft gezogen werden!

Aus diesen verschiedenen Betrachtungen ergibt sich, daß insoweit die Formation einer Angriffstruppe ein Hülfsmittel abgeben kann, ihre Stoßkraft (numerische und moralische) vor Erschütterung zu bewahren, derselben für die Haupttruppe drei Zonen zu Grunde gelegt werden können: eine erste Zone würde die Entfernung vom Antreten des sich entwickelnden Angriffs bis auf 1200 oder 1800 Schritt an die feindliche Stellung heran; die zweite: die Entfernung von da bis dicht an die Vortruppe heran, also bis c. 500 Schritt vom Feinde, schließlich die dritte den Rest dieses Abstandes umfassen.

In der ersten Zone wird es darauf ankommen, der feindlichen Artillerie keine so bedeutenden Ziele zu zeigen, daß durch dieselben dem Gegner Aussicht auf eine sehr ergiebige und zweifellose Wirkung eröffnet und damit seine Aufmerksamkeit von den Vortruppen und namentlich der mit denselben avancirenden diesseitigen Artillerie abgezogen wird. Diese Angriffsartillerie und die unter ihrem Schutze vorgehenden Vortruppen sind in diesem Moment für die Vertheidigung eine zu bedeutungsvolle Gefahr, als daß sie dieselben ohne sehr gewichtige Gründe ignoriren könnte. Wenn also nur die Vorbereitungstruppe genügend stark ist und die Haupttruppe ihr nicht näher als auf 5—600 Schritt folgt, erscheint es unbedenklich, diese letztere in nicht zu großer Kolonnenmasse vorzuführen. Als Grenze dieser Größe wird man Kolonnen von 50—80 Schritt Frontbreite auf 25—30 Schritt (6—12 Rotten) Tiefe und in Intervallen von, wenn nützlich erachtet, selbst nur c. 100 Schritt als nicht mehr „herausfordernd" bezeichnen können.

Es folgt die zweite Zone, die der Zufallswirkung des feindlichen Gewehrs. Gleichzeitig mit dieser Grenze wird die voraussichtlich an derselben aufgefahrene eigene Artillerielinie, welche die Vorbereitung führt, überschritten! Der Zufallswirkung der Infanterie schließt sich dadurch die der feindlichen Artillerie an, sei es, daß ihre Schüsse auf die Angriffsartillerie zu kurz, sei es, daß sie auf das Vortreffen zu weit gehen.

Wird ihre Aufmerksamkeit nicht aufs **allerentschiedenste** von der Vorbereitungstruppe in Anspruch genommen, so wird die Vertheidigungsartillerie auch schon von jetzt an das allmählig immer näher kommende Haupttreffen **zum Ziel wählen.** — Unter beiden Umständen (Zufall und Absicht) wird in diesem Moment auf **diesen ganzen Raum ein so intensives**, aber auch — wenn es nicht durch ganz besonders ungeschickte Massenformationen des Angreifers zur Concentrirung genöthigt wird — **ein so gleichmäßig vertheiltes, unberechenbares Feuer des Vertheidigers gerichtet sein, daß: in welcher Formation auch der Angreifer auf der ganzen Front vorgeht, wenn das nur nicht in allzu dicken Haufen geschieht, seine Verluste sich immer so ziemlich gleich bleiben werden!!**

Man muß entschieden behaupten, daß es weder nöthig, noch erfolgreich sein kann, nach Formationen zu suchen, welche in diesem Stadium die faktischen Verluste mindern könnten; es erscheint vielmehr nur angängig und nützlich, nach Formen zu fragen, welche den moralischen Einfluß der nicht zu vermeidenden Verluste abschwächen und so der Stoßkraft des Angriffs indirect leisten, was sie nicht direct können.

Große Verluste bringen den Angriff zum Stocken, weil auch diejenigen, welche unverwundet geblieben, durch das ihren Augen sich bietende Schauspiel entmuthigt werden und leicht den Glauben an die Möglichkeit des Reüssirens verlieren. Aus dem Stocken aber entsteht nach kurzer Zeit unter den meisten Verhältnissen — das Zurückgehen, das faktische Scheitern des Angriffs.

Ueber diese Anwandlung der Muthlosigkeit hinwegzuhelfen aber, ist die Aufgabe, welche in der That die eine Formation mehr, die andere weniger wird leisten können.

Gehen wir davon aus, daß Offiziere, Unteroffiziere, einzelne besonders beanlagte Leute (von physischem oder moralischem Muthe belebt) diejenigen sind, welche die große Masse über jene Schwankung fortreißen müssen, so wird man geneigt zu sagen: **je dichter** diese Masse zusammengedrängt ist, desto mehr wird sich in ihr ein Gesammtbewußtsein der Kraft entwickeln, desto mehr werden sich voraussichtlich solche beispielgebende Elemente in ihr befinden und desto mehr und leichter kann ihr Beispiel von einer Mehrzahl gesehen werden; desto leichter also auch wird sich jener gewollte Impuls fortpflanzen.

Man kann nicht verkennen, daß in diesen Sätzen viel Wahres liegt, und diese Wahrheit hat s. Z. ja auch die Kolonnenform zur spezifischen Angriffsform gestempelt.

Andrerseits aber tritt dem der Umstand gegenüber, daß ein **gleichzeitiger Massenverlust** auf die Phantasie deprimirender einwirkt, als wenn dieser **selbe Verlust** sich räumlich und zeitlich mehr auseinanderlegt, daß man also wiederum sagen kann, je **lichter** eine gewisse Masse Menschen geordnet ist, desto weniger wird sie der fortreißenden Beispiele **bedürfen**.

Stellen wir den Vergleich: eine Kolonne von 400 Mann: 20 Rotten breit, 20 Rotten tief, jede von der andern nur je einen Schritt entfernt und nehmen wir eine gut einschlagende Granate in diese Masse an, welche vielleicht 8—10 Mann umwirft, so wird unbedingt **dieser moralische Eindruck auf das Ganze** viel bedenklicher sein, als wenn diese selben 400 Mann: 200 Rotten breit, 2 Rotten tief rangirt, die Rotten zwei Schritt auseinander, selbst von drei bis vier Granaten **gleichzeitig** aber an **verschiedenen Stellen** gefaßt, hier einen, dort zwei, drei, im Ganzen ebensoviel, ja als wenn sie selbst noch mehr verlieren.

Das Beispiel wird wegen der geringen Seitwärtsausbreitung der Sprengpartikel noch drastischer, wenn wir ein treffendes Shrapnel nehmen — und daß die beiderseitigen Verlustchancen sich **relativ** so (d. h. etwa gleich) stellen, wird Niemand bestreiten, mag er den faktischen Erfolg noch so hoch berechnen.

Darnach lautet die Formationsfrage jetzt also: wo ist die Grenze zwischen dicht und licht zu ziehen.

Auf diese sogestellte Frage hat aber noch ein anderes Moment Einfluß, als die **faktische und moralische Wirkung des feindlichen Feuers.** Die gesuchte Formation ist nämlich keine aufs Stehen, sondern eine auf die Bewegung berechnete, welche ferner am Ende dieser Bewegung zu möglichst ausgiebigem eigenen Waffengebrauch bestimmt ist.

Damit treten auch andere Anforderungen an sie heran, außer den rein negativen des möglichen Schutzes: die Formation soll und muß die Vorwärts-Bewegung möglichst fördern; sie soll und darf nicht erst eine **Aenderung** nöthig haben, wenn sie zum Waffengebrauch übergehen will.

Die Vorwärtsbewegung wird gefördert direct und indirect durch **breitere Front und geringere Tiefe**, denn nichts ermüdet mehr, spannt mehr ab, als namentlich ein dicht geschlossenes **Hintereinander** marschiren und nichts ist dem moralischen Einflusse des Führers, der wie die Dinge stehen, doch immer an der Spitze seiner Truppe sein muß, nachtheiliger, als wenn er denselben von vorne nach hinten, statt nach rechts und links, geltend machen soll. Seine Uebersicht leidet und sein Beispiel ist weniger wirksam.

Der Waffengebrauch aber verlangt nicht minder breitere Front, geringere Tiefe.

Beide Forderungen wirken darum in derselben Richtung, wie die Tendenz der lichteren Ordnung, und wenn diese auch vielleicht ebenso gut in der Tiefen- als in der Breitenrichtung erfolgreich gedacht werden kann, so ist doch nicht außer Acht zu lassen, daß ihre eigentlichste Stärke: die **unvermeidlichen** Gesammtverluste dem **Auge** der angreifenden Truppe möglichst unklar zu machen, nur in der Breitenrichtung möglich ist — hier, wo es sich immer um das **Vorwärts** handelt, welches die Verluste **hinter** sich läßt.

Diesem dezidirten Ausbreitungsbestreben tritt mäßigend entgegen: nur die für die dichtere Ordnung bereits vorgebrachten Gründe; dann die allgemeine Offensivtendenz: an der **entscheidenden Stelle**, die numerische Ueberlegenheit, also **Masse** zu besitzen, und der Umstand, daß auch wiederum eine gewisse Grenze der Frontausdehnung nicht ohne erschwerende Folgen von ihrer Seite auf die Vorwärtsbewegung, überschritten werden darf; — Ansprüche, denen wieder nur durch eine gewisse Tiefenordnung zu entsprechen ist.

So wandelt sich abermals die Frage um, in die Fassung: welche **Breite darf** man, welche **Tiefe kann** man in diesem Moment der Haupttruppe des Angriffs geben?

Wir antworteten darauf: diejenige Breite, welche noch den persönlichen Einfluß des (jetzt zu Fuße befindlichen) Führers vollständig gestattet und wirksam erhält; diejenige Tiefe, welche ohne ein Bewegungshinderniß zu werden, noch grade ausreicht, auf den gemeinen Mann den Eindruck des dichten Zusammenhalts — des Haufens — zu machen: 30—40 Schritt Frontbreite, 6—8 Rotten Tiefe! Zwischen diesen kleinen Colonnen: Intervallen von derselben bis zur doppelten Breite ihrer eigenen!

Wir haben die Haupttruppe des Angriffs in Halbbataillonen durch die erste, in Compagniecolonnen durch die zweite Zone hindurch geführt bis dicht an ihre Vorbereitungstruppe heran. Es bleibt nachzuholen, das Verhalten der Soutienslinie (Compagnie) während dieser Zeit zu studiren, von deren allgemeiner Aufgabe, aber nicht ihrer Durchführung, bei der Betrachtung der Vorbereitung die Rede war.

Es ist oben bereits erwähnt, daß die Vortruppe des Angriffs von Anfang an das Zielobjekt des defensiven Feuers sein wird und muß, da sie für die Vertheidigung in diesem Moment der gefährlichste Gegner ist. So lange freilich sie nicht selbstthätig auftreten kann, wird die feindliche Artillerie sich lieber die Haupttruppe zum Ziel nehmen, die mehr Ausbeute verspricht, und welche daher in diesem Moment lediglich auf die Ablenkung der Gefahr durch ihre eigene Artillerie und die größere Entfernung von der Vortruppe angewiesen ist.

Diese selbst aber wird von der Grenze der Tragweite an darauf Bedacht nehmen müssen, diejenige Formation bereits angenommen zu haben, welche faktisch und moralisch jene Wirkung etwa abzuschwächen im Stande sein könnte. Sie hat auf keine von jenen Erleichterungen zu rechnen, welche sie selbst und ihre Thätigkeit der Haupttruppe des Angriffs zu verschaffen vermag.

Die Ansprüche, welche daraus folgend, an die Haupttruppe für die Durchschreitung der zweiten Zone gestellt worden, werden also bei der Vortruppe bereits für die erste Zone maßgebend sein müssen.

Diese Ansprüche, welche sich darauf zuspitzten, daß es wünschenswerth sei, in möglichst breiter und möglichst lichter Formation vorzugehen, werden aber bei der Vortruppe sich um so leichter erfüllen lassen, als die Gegengründe, welche dort dieser Anforderung schwächend entgegentreten mußten, um die nothwendige Stoßkraft des Angriffs zu wahren, hier bei weitem nicht dasselbe Gewicht haben.

Die von der Vortruppe verlangte Wirksamkeit liegt lediglich in ihrer Feuerthätigkeit beschlossen, deren Concentrirung auch aus breiterer Front immer noch möglich bleibt; ihre Zusammensetzung aber — wie sie oben verlangt ist — aus selbstständigen Abtheilungen hintereinander hilft ihr leichter, als das bei der Haupttruppe der Fall sein kann, über die moralischen Schwierigkeiten der Lage fort.

Die Schützenlinie leistet hierin durch ihre Formation, was irgend verlangt und erhofft werden kann, sie hat außerdem den Vortheil, daß die eigene Thätigkeit, wie das in der Natur des Menschen liegt, sie leichter über alle Stockungen fortträgt.

Die Soutienslinie aber bedarf schon, weil ihr jene letzte indirekte Hülfsquelle abgeht, mehr der äußerlichen Hülfsmittel.

Für sie muß daher zunächst verlangt werden: daß ihre Formation der feindlichen Artillerie, welche vorläufig noch nicht anderweit beschäftigt, angenommen werden muß, kein günstiges Ziel bietet: die Colonnenformation ist daher für das Soutien schon ziemlich früh als aufzugeben zu bezeichnen.

Ob dies günstiger durch Deployiren in Linie, oder durch Auseinanderziehen in kleinere (zugweise Sektions-) Colonnen geschieht, mag der Eingebung des Führers überlassen bleiben. Beide Formationen werden bei den obwaltenden Größenverhältnissen noch ebensosehr die einheitliche Leitung, als die freie Bewegung gestatten.

Ein zweites Mittel wird der zu wählende Abstand von der Schützenlinie sein, welcher im Artilleriefeuer des Feindes unbedenklich bis auf 300 Schritt und mehr vergrößert werden kann.

In dieser Art wird die Durchschreitung der ersten und eines guten Theils der zweiten Zone für das Soutien noch ohne Bedenken ausführbar sein. Es naht der Moment, wo mit der Erreichung der wirksamsten feindlichen Gewehrschußsphäre durch die Schützenlinie, die Thätigkeit des Soutiens in Anspruch genommen werden wird. Die erste Bedingung für die Erfüllung dieser Anforderung, die größere Nähe an die Schützen heran, wird sich durch das verlangsamte sprungweise Avanciren jener, — ein Verfahren, an

welchem die Soutiens sich möglichst nicht betheiligen — schon
von selbst erfüllt haben. Um aber in der Lage zu sein, diese
Unterstützung nun auch sofort und auf direktestem Wege leisten zu
können, wird es im allmähligen Vorrücken für das Soutien nöthig,
die dazu geeignetste Formation anzunehmen.

Es ist die Aufgabe des Führers des Soutiens, sich während
dieser Vorwärtsbewegung möglichst darüber orientirt zu haben, wo
voraussichtlich seine Unterstützung am nothwendigsten, von wo aus
sie am wirksamsten werden kann; die Vertheilung der feindlichen
Widerstandskräfte (Batterien), die in Aussicht genommene Einbruchsstelle werden sich auf 8—600 Schritt vom Feinde ab, schon mit
einiger Sicherheit erkennen lassen. Den dadurch voraussichtlich entstehenden Ansprüchen gemäß, wird er nach Möglichkeit seinen Unterabtheilungen ihre Rolle anweisen, die unter Umständen auf eine
gleichmäßige Vertheilung hinter der ganzen Front der Schützen hin-
auslaufen kann. Diese Unterabtheilungen selbst aber werden, welches
auch ihre seitherige Formation gewesen sein mag, von jetzt an eine
geöffnete Linie zu bilden haben.

Wir wählen diesen Ausdruck absichtlich, obgleich die dadurch
hergestellte Form im wesentlichen keine andere sein wird, als diejenige, welche auf das Commando „Schwärmen" eingenommen
wird. Da aber mit dem Ausdruck „Schwärmen" und „Schützenlinie" der Sinn einer eigenen Feuerthätigkeit allzunahe verwandt
ist; eine solche aber bei der Formation der geöffneten Linie noch
keineswegs sofort intentionirt ist, so erscheint es nützlich und nöthig,
auch im Ausdruck eine Verschiedenheit festzuhalten. Man kann dieselbe auch äußerlich dadurch noch mehr präzisiren, daß bei der „geöffneten Linie" die Rotten nicht „überrücken," und das Gewehr
„über" behalten wird.

In solch' geöffneten Linien folgen von nun d. h. von 800
oder 600 Schritt vom Feinde an, die Soutiensabtheilungen der
Schützenlinie, um sich in dem Moment, wo jene zum entscheidenden Schnellfeuer übergeht, soweit sie nicht schon vorher haben
eindoubliren müssen, so dicht hinter jenen zu etabliren, als es
ohne Vermischung möglich ist. Selbstverständlich bleibt dabei, daß
wie der Führer der Soutienslinie die Vertheilung derselben in der
Breitenrichtung nach eigenem Urtheil zu regeln gehabt hat, er auch

jetzt in der Tiefenvertheilung Anordnungen z. B. zum weiteren Zurückbleiben einzelner Abtheilungen, um ev. in anderer Richtung verwendbar zu sein, treffen kann und muß.

Wie aber auch immer diese ganze Periode des Angriffs sich abgespielt haben mag, das bleibt Regel, daß mit dem näheren Herankommen der Haupttruppe (auf ca. 100 Schritt) an die noch übrigen Soutienstheile, sich dieselben sofort und ganz in die Schützenlinie werfen, um derselben damit den Impuls zu geben, der nothwendig wird zur Durchschreitung der letzten gefährlichsten Zone, zum Sturm!

Wir hatten oben die Haupttruppe bis dicht an die Vortruppe heran, begleitet. Wir hatten gesehn, wie der Angriff aus einer geschlossenen Masse stammend, zunächst der Tendenz einer räumlich sich immer mehr vergrößernden Ausbreitung resp. Zerlegung nachzugeben genöthigt war; wir sind jetzt an derjenigen Grenze angekommen, wo diese Tendenz der entgegengesetzten, der eine Angriffstruppe wieder räumlich zusammenziehenden, wiederum weichen muß.

Ein letztes äußerstes Zugeständniß aber mag vorher noch der ersten Richtung gemacht werden, welches als Prinzip aufzustellen, wir oben absichtlich vermieden haben. Es ist die Gewährung der vielfach aufgestellten und vertheidigten Forderung des Vorgehens auch der Haupttruppe in geöffneter Linie! Es kann ja nicht verkannt werden, daß gewisse Vorzüge in einer solchen Formation liegen, welche wir in dem Beispiel von der dichten und der lichten Rangirung auch anerkannt, wir können uns aber nicht davon überzeugen, daß damit ein reelles Mittel gegen die großen Verluste geboten sei, die wir nach wie vor für ebenso unvermeidlich, als unberechenbar erklären müssen. Immerhin unterschätzen wir die moralische Beruhigung, welche in dieser — für die Soutienslinie, welche nachher schwärmen soll, angebrachten, für die Haupttruppe aber, welche nachher blos durch ihre Masse wirken soll, nicht vortheilhaften — Auflösung liegt, nicht soweit um ihre Verwendung **unter eigenster Verantwortung des Führers**, absolut verwehren zu wollen. Als Friedensübung aber möchten wir sie mindestens für den vorliegenden Fall nicht gern empfehlen.

Während der ganzen bis jetzt besprochenen Zeit der Vorbereitung sind die Compagnien (ob „Colonnen" oder „Linien" — je nachdem!) der Haupttruppe, ununterbrochen vorwärts schreitend, bis dicht an die Schützenlinie der Vortruppe herangekommen. Die spätestens in diesem letzten Moment eindoublirten Soutiens betheiligen sich so gut es gehen mag — ev. mit Massenfeuer über die liegenden Schützen fort — an dem jetzt seine äußerst erreichbare Höhe annehmenden Schnellfeuer. Auf das vom Führer zum Angriff gegebene und fortan ununterbrochen zu wiederholende Signal hin, setzt sich die ganze vorderste Linie in möglichst rasche Bewegung vorwärts gegen den Feind. Ihr folgen, convergirend auf diejenige Stelle, wo die Vortruppe einen Vortheil errungen, wo sie eingedrungen, keilförmig sich nachschiebend auf 20—30 Schritt die kleinen Massen der Haupttruppe.

Es gab eine Theorie und sie ist vom Papier noch nicht ganz verschwunden, welche es als Bedingung, mindestens als Ideal eines Sturmes hinstellte, daß derselbe ohne einen Schuß ausgeführt werde.

Wir haben die Vorbereitungsschützenlinie, den Leistungen des heutigen Hinterladers entsprechend, auf 400 Schritt placirt, noch als für ihre Aufgabe nahe genug an den Feind, angenommen; nur unter besonders günstigen Umständen kann man voraussetzen, daß diese Entfernung sich bis auf 200 Schritt hat verkürzen lassen. Von einer mittleren Entfernung von 300 Schritt an soll also nach der Theorie eine — beliebig wie formirte — Masse, die Aufgabe haben, ohne einen Schuß zu thun, zwei Minuten lang auf einen Feind loszugehen, in dessen Händen ein Hinterlader!? Aber — wird man sagen — so ist es nicht gemeint, die liegenbleibenden Schützen, durch welche die nicht schießende Sturmcolonne durchgeht, haben das Feuer mit aller Energie fortzusetzen und so die Angriffscolonne zu unterstützen!

Wir erwidern darauf, das ist — ganz ausnahmsweise günstige Flankenstellungen zum Angriff abgerechnet, die wir aber hier in dieser Betrachtung eines Frontalangriffs nicht berücksichtigen dürfen — einfach unmöglich!

Eine liegenbleibende Schützenlinie, welche um die Flügel von zwei, drei kleinen Colonnen herum und zwischen ihren Intervallen durchfeuern soll, während jene über sie hinaus vorgehen, muß ihr Feuer einstellen, wenn diese Abtheilungen 50 Schritt Vorsprung gewonnen haben! Der Pulverrauch des eigenen Schnellfeuers wird es nicht mehr ohne Gefahr für den Rücken jener Colonnen gestatten, das Feuer fortzusetzen. Wer jemals in der Lage gewesen ist, von hinten, selbst auf ziemlichen Seitenabstand, bei sich vorbeisausende auch ganz gewiß nur befreundete Kugeln zu hören, wird eingestehn, daß solche Musik noch weniger als der von vornen entgegenkommende feindliche Hagel zum Vorwärtsgehen auffordert.

Aber selbst abstrahirt von diesen rein äußerlichen Gründen, welche ja wohl für diesen oder jenen Theil der engagirten Schützenlinie als selbst bei einem Frontalangriff möglicherweise in Wegfall kommend, zugestanden werden können: widerstreitet das prinzipielle Liegenlassen der Schützen dem Urgrundsatz der Offensive, daß man alle disponiblen Kräfte dazu verwenden soll, und kann in Wirklichkeit zu Nichts nützen. Daß diese zurückzulassende Linie keine ersprießliche Feuerwirkung mehr üben kann, ist eben auseinandergesetzt und die Annahme, daß sie etwa die zusammengeschossenen Trümmer der zerschellten Colonnen aufnehmen könnte, hieße doch nach den bereits vorhergegangenen Leistungen dieser Schützenlinie, ihr zu viel zumuthen. Mit vorwärts! kann sie und muß sie, das Liegenlassen aber ist nur Theorie, günstigsten Falls unnütz, gewöhnlich aber sogar schädlich!

Das Alles ist auch nirgends in Wirklichkeit vorgekommen, im Gegentheil, wenn man sich lediglich nur auf die Kriegserfahrung stützen wollte, könnte man behaupten, daß der Einbruch von Tirailleuren genüge.

Hier aber, wo von einer ernstlich geführten, gut situirten Defensive die Rede ist, muß die Theorie alle Mittel ins Auge fassen, die möglicherweise wirksam werden können und in schweren Stunden wirksam haben werden müssen und es geworden sind.

Es muß darnach verlangt werden, daß mit dem Näherankommen der Haupttruppe auch die Vortruppe den Impuls zu neuem, jetzt die Entscheidung in sich bergendem Vorgehen erhalte. Dieses letzte Vorgehen muß durch ein möglichst ausgiebiges Feuer unterstützt werden, welches aber nur von der vorgehenden Truppe selbst ausgehen kann. Es ist gewiß richtig, daß dieses Feuer in der Bewegung keine großen Treffresultate erzielen wird, aber schweigen darf es darum doch nicht.

Die Vertheidigung, welche jetzt Objekt des naherückenden Sturmes wird, ist seit mehreren Minuten schon das Ziel eines intensivsten Schnellfeuers gewesen, die jetzt folgende — wir geben gern zu — Zufallswirkung des offensiven Gewehres wird doch (wir haben in der Offensive damit gerechnet!) nicht ohne Einfluß auf den moralischen Zustand des Vertheidigers bleiben; was aber das Infanteriefeuer verliert, muß in diesem Moment ein offensives Artillerie-Schnellfeuer zu ergänzen suchen! Es kommt nur darauf an, die Angriffsstelle mit möglichst massenhaftem Feuer zu überschütten, von Zielschüssen kann und braucht nicht die Rede zu sein, im Gegentheil die vortheilhafteste Wirkung dieses letzten Vorbereitungsfeuers ist diejenige, welche den Vertheidiger nicht mehr wagen läßt, auch nur aus seiner Deckung aufzusehn!

In dieser Weise vorbereitet, durchgeführt und bis zum letzten Moment unterstützt, kann dann auf 20, 30 Schritt an den Feind herangekommen, der entscheidende Anlauf mit Hurrah! und Marsch! Marsch! wohl ziemlich sicher auf einen Erfolg rechnen!

Es gehört gewiß — wir werden bei der Besprechung der Defensive mehr darüber beizubringen haben — eine ganz außerordentlich gute Truppe dazu, einem in Massen so nahe herangekommenen Angriff jetzt noch — wie es freilich sein sollte — mit dem Bajonet zu widerstehn. Auch werden wir sehen, daß in diesem Moment die Vertheidigung ihr Heil mehr außer sich, d. h. in Offensiv-Gegenstößen mit andern Truppen, als in der ihr eigenthümlichen Hartnäckigkeit und Zähigkeit suchen muß, ein Umstand, der im dritten Stadium des Angriffs näher besprochen werden muß.

Hier aber, wo wir uns den einen Angriff eines bestimmten Truppenkörpers nur gegen eine reine Abwehr geführt, ge- und durchdacht haben, bleibt nur als Schlußbedingung für seinen Erfolg hinzuzufügen, daß der letzte entscheidende Anlauf — mit Schuß und Bajonet — durchgeführt werde, bis zu dem Moment, wo die der Angriffsseite abgekehrte Grenze des einen Angriffsobjektes (die andere Lisière, der Höhenrücken ꝛc.) auch wirklich erreicht ist, und daß umgekehrt diese Grenze nicht überschritten werde!

So ließen sich denn die Bedingungen für die erfolgreiche Durchführung eines Angriffs, soweit sie von seiner Anordnung abhängig sind, zusammenfassen, wie folgt:

1) Jeder zu einem Angriff designirten selbstständigen Truppe muß von der höheren Führung ein bestimmtes Angriffsobjekt bezeichnet werden, gegen welches dann mit ganzer Kraft und auf dem directesten Wege ohne Aufenthalt der Stoß zu führen ist.

2) Die Truppe hat sich zum Angriff zu entwickeln, sobald sie in den Bereich des feindlichen Artilleriefeuers kommt. In eine Haupt- und eine Vortruppe eingetheilt, (cf. Vorb. pass. 2) hat sie mit ersterer die Schützenlinie ihrer Vortruppe im freien Terrain auf c. 500 Schritt, unter günstigen Terrainverhältnissen aber näher zu folgen.

3) Das Soutien der Vortruppe (cf. Vorb. pass. 4) hat, sobald es das Zielobjekt der feindlichen Artillerie wird, eine allmählig immer breitere Formation hinter der Schützenlinie einzunehmen, welche aus der Colonne zur deployirten Linie, zum Auseinanderziehen der Züge und schließlich zum Oeffnen der Linie der einzelnen Züge führen kann.

Der Compagnieführer des Soutiens hat die Verstärkung der vor ihm befindlichen Schützenlinie nach eigener Initiative, sowohl der Stärke, als dem Ort und der Zeit nach anzuordnen, mit den nicht verwendeten Abtheilungen sich so dicht als möglich hinter den Schützen zu etabliren; schließlich aber auch diese zum Massenfeuer in die Schützenlinie zu werfen, wenn die Haupttruppe ihnen etwa auf 100—80 Schritt nahe gekommen ist.

4) Die Haupttruppe kann die Entfernung vom Antreten an bis in das Bereich des zufälligen Infanteriefeuers also bis auf etwa 1500 oder 1200 Schritt vom Feinde in kleinen (je nachdem Halbbataillons- oder Compagnie-) Colonnen zurücklegen, wenn die feindliche Artillerie durch die eigene oder die vorgehende Vortruppe so beschäftigt ist, daß sie die Haupttruppe nicht zum Ziel nehmen kann.

5) Von da an, wo entweder dies geschieht, oder die Colonne von feindlichen Infanteriekugeln erreicht wird, hat sie sich grundsätzlich in Compagniecolonnen mit 40—80 Schritt Intervalle zu

zerlegen, in welcher Formation sie bis möglichst nahe an die vorbereitenden Schützen, d. h. c. bis auf 600—400 Schritt an den Feind herangeht. Während dieses Vorgehens kann es den einzelnen Compagnien auch gestattet werden, in Linie zu deployiren, oder in der Kolonne zugweise die geöffnete Linie zu bilden.

Andere Formationen, als z. B. das Deployiren in ganzen oder Halb-Bataillonen, die geöffnete Linie in der deployirten Kompagnie, das Abbrechen in Sections, das in Reihensetzen der einzelnen Züge erscheinen, da sie alle mehr oder weniger die Vorwärtsbewegung erschweren und den Einfluß der Vorgesetzten herabmindern, ohne doch die faktischen Verluste mindern zu können: nicht empfehlenswerth.

6) Sobald die Haupttruppe sich ihrer vorbereitenden, jetzt durch das ganze Soutien verstärkten Schützenlinie bis auf c. 50 Schritt genähert hat, giebt der Führer des Angriffs das Signal zum Sturm. Derselbe wird von Vor- und Haupttruppe gemeinschaftlich im möglichst raschen Marschtempo (120—150 Schritt i. d. M.) unter Schlagen des Sturmmarsches und wiederholtem Blasen des Signals und unter möglichst lebhaftem in der Bewegung abzugebenden Feuer der Vortruppe ausgeführt, um schließlich auf c. 20—30 Schritt vom Feinde im Anlauf und Einbruch mit Hurrah! und Marsch! Marsch! zu gipfeln. Der Vortruppe wird es dabei im Allgemeinen zufallen, die Einbruchsstelle zu umfassen; der Haupttruppe, sie durch convergirende Bewegung dahin einzudrücken!

7) Die Tendenz des Einbruchs muß es sein, die nach der feindlichen Seite gelegene Lisière des gegebenen Angriffsobjectes zu gewinnen, um von dort aus den geworfenen Gegner mit Feuer zu verfolgen. Dieses Ziel ist unbekümmert um die Eintheilung in Vor- und Haupttruppe von jedem einzelnen Theile der Angriffstruppe zu erstreben und kommt es durchaus nicht darauf an, ob dabei Abtheilungen der Hauptcompagnien an vielleicht im Inneren der genommenen Stellung noch vom Feinde beschäftigten Abtheilungen der Vorcompagnien vorbeigehen oder in dieselben eindoubliren.

Ein sofortiges Vorbrechen über diese Lisière hinaus ist aber durchaus unstatthaft. Vielmehr kommt es darauf an, sich in der gewonnenen Position zunächst so rasch und gut als möglich zur Abwehr einzurichten.

So sehr es das Bestreben jedes Unterführers dabei sein wird, seine Leute zusammenzuhalten, so sehr muß doch jeder darauf gefaßt und die Leute der Truppe im Ganzen vorbereitet und geübt sein, die momentanen Aufgaben des Angriffs mit den zur Hand befindlichen Kräften durchzuführen.

8) Sobald der Angriff als überall gelungen betrachtet werden kann, ist die möglichst rasche Wiederherstellung der Ordnung von jedem einzelnen Führer an der Stelle, wo er sich gerade befindet und nach und nach im Ganzen sofort und mit aller Energie ins Auge zu fassen — trotz aller wahrscheinlichen Abspannung oder Ueberreizung.

III. Das dritte Stadium des Angriffs.

Es bedarf wohl kaum noch theoretischer Erörterungen oder drastischer Detailmalerei, um den Beweis zu liefern, daß eine Truppe, welche einen Angriff so durchgeführt hat, so durchführen mußte, wie das im vorigen Abschnitt besprochen worden ist, damit auch für eine gewisse Zeit so ziemlich ihre ganze Kraft verbraucht hat und wenn irgend möglich, einer Ruhepause bedarf, die mindestens so lange dauern muß, bis die — wir haben behauptet und halten daran fest — unvermeidlich entstandene Unordnung wieder einiger Maaßen redressirt ist.

Dieses dritte Stadium ist zu allen Zeiten ein äußerst gefährlicher Moment für den Angriff gewesen, in welchem ihm gar häufig die eben erst blutig errungenen Lorbeeren durch einen feindlichen Gegenstoß wieder entrissen worden sind.

Ueber diesen Trägheitsmoment fortzuhelfen, war darum von jeher das Streben und die Aufgabe der Angriffs-Ordnung im Ganzen und wir kommen mit der Betrachtung dieser Seite der Sache auf die wichtige Frage von den Treffen!

Nach dem, was früher gesagt ist, muß es als feststehende Regel betrachtet werden, daß diese Treffeneintheilung nur mit Rücksicht auf jenen Schwächemoment des Angriffs, nicht aber mit Rücksicht darauf vorgenommen werden muß und darf, etwa durch ein zweites Treffen den verunglückten Versuch des ersten wiederholen lassen zu können.

Die erste Grundbedingung bleibt doch immer die, den Angriff so zu führen, daß er reüssirt, und darum die: die Truppe so stark als irgend möglich zum Sturm zu bringen: umgekehrt aber nur so wenig davon zurückzuhalten, als zur Ueberwindung jener momentanen Schwierigkeiten nothwendig erscheint.

Um über das Maaß dieser Nothwendigkeit ein richtiges Urtheil zu bekommen, müssen wir uns die Aufgabe, welche mit diesen zurückzuhaltenden Truppen gelöst werden soll, erst näher betrachten.

Wenn der Angriff es nur mit der reinen Widerstandskraft der Vertheidigung zu thun hätte, so würde die Regel keine Ausnahme haben, in erster Linie soviel Truppen vorzuführen, als nur irgend räumlich zur Wirksamkeit kommen könnten. Nun bedient sich aber die Vertheidigung, — soll, muß und wird es mindestens thun, wenn sie nicht schlecht geleitet ist — auch außer ihrer Widerstandskraft, der ihr gleichzeitig innewohnenden Stoßkraft, und diese ihre Thätigkeit wird für den Angriff um so bedenklicher, je näher sie in der Zeit mit dessen letzter äußerster Anstrengung zusammenfällt. Wir werden bei der Betrachtung der Defensive erkennen, daß dieselbe ihre Gegenstöße am praktischsten mit dem Moment des letzten feindlichen Anlaufs gleichzeitig oder mindestens unmittelbar nach demselben führen wird, weil die Angriffstruppe dann am empfänglichsten für diese Gegenwirkung ist. Wir haben uns deshalb hier mit den Mitteln des Angriffs gegen diese Gefahr zu beschäftigen.

Es ist bereits oben einmal erwähnt, daß selbst geworfene Infanterie niemals absolut wehrlos ist; es wird daher auch hier genügen, wenn der allerdings in nicht günstiger, äußerer Verfassung zur Abwehr befindlichen, aber doch durch den moralischen Impuls, welchen jeder Angriff, namentlich gar ein eben reüssirter gibt, gehobenen Infanterie, ein selbst nur verhältnißmäßig geringer Kraftzuwachs an intakten Truppen zugeführt wird.

Wenn nicht gegenseitige numerische Verschiedenheiten zu Grunde gelegt werden, welche jeder Theorie spotten, so wird eine Verstärkung um die Hälfte oder ein Drittheil der in erster Linie engagirten Truppen in diesem Moment als eine ausreichende bezeichnet werden können, d. h. der Angriff braucht nicht mehr als $1/3 - 1/4$ seiner Gesammtstärke für sein drittes Stadium zurückzuhalten. Das klingt freilich ziemlich willkürlich und man wird Beispiele aus der Kriegsgeschichte dagegen beibringen können, wo auch gleiche Kraft nicht ausgereicht oder wiederum ein Minimalbruchtheil genügt hat. Da man aber doch nun einmal zu einem bestimmten Zahlenverhältniß kommen muß, wenn eine prinzipielle Anordnung eines Angriffs festgestellt werden soll, so wird man gut thun, sich an jene von der Erfahrung im Großen sanktionirten Sätze zu halten.

Selbstverständlich bleibt es ja dem obersten Führer unbenommen, je nach Lage der Sache darin Veränderungen ab und auf, vorzunehmen, nur das Prinzip soll hier gewahrt werden: die Hauptkraft immer unbedingt in die erste Linie zu legen.

Uebrigens wird sowohl die absolute Stärke eines Angriffstruppentheils, wie seine Eintheilung auf diese Frage nicht ohne Einfluß sein. Ein einzelnes Bataillon, welches einen entscheidenden Angriff führt, wird schwerlich überhaupt etwas zurücklassen, eine Division von vier Regimentern à 3 Bataillone, wird nur ungern vier Bataillone zurückstellen, ein Corps wird oft nur seine eine Division in erster Linie verwenden können u. s. f.

Wir haben seither von der Gefahr und ihren Remeduermitteln gesprochen, welche einem Angriff in seinem letzten Stadium drohen, wir müssen auf eine andere zurückkommen, welche ihn unter Umständen schon früher gefährden kann.

Aus je mehr selbstständigen Aktionstheilen nebeneinander ein Angriff sich zusammensetzt, also in der Breitenrichtung sich ausdehnt, um desto leichter kann es ihm geschehen, daß der Gegner — vielleicht nur scheinbar in der Defensive — seine Kräfte gegen eine Stelle der vorgehenden Linie concentrirt, dieselbe durchbricht, und damit den Angriff selbst durch seinen Gegenangriff auseinandersprengt. Diese Gefahr wächst naturgemäß mit der Länge der Linie, für welche die Schwierigkeiten der gleichzeitigen Vorbewegung in demselben Maaße zunehmen und welche damit der Gefahr ausgesetzt ist, daß unwillkürliche Lücken in ihr entstehen, die dann diese Gegenaktion gradezu herausfordern.

Auch dieser Gefahr, wo die Umstände darnach angethan sind, muß die Anordnung des Angriffs zu begegnen wissen und wir kommen damit zu dem Resultat, daß der ersten Linie ein zweites und ein drittes Treffen folgen muß, von denen ersteres nur bedingungsweise, letzteres aber **immer** nothwendig ist.

Ein zweites Treffen in diesem Sinne — die Existenz eines dritten Treffens vorausgesetzt — wird nämlich nur nothwendig werden, wenn die Frontausdehnung einer Angriffstruppe so ausgedehnt ist, daß eine direkte Waffenwirkung von einem Flügel zum andern nicht mehr möglich, also eine concentrische Wirkung gegen den feindlichen Gegenstoß von rechts und links her (resp. in die Flanke) nicht ausführbar ist. Es ist die Stärke des Hinterladers, daß ihm in Front ohne genügende Vorbereitung schwer anzukommen ist und wie oben der Vertheidigung die ihr innewohnende Stoßkraft, so kommt jetzt hier dem Angriff seine ihm innewohnende Widerstandskraft zu Hülfe, um leichter als dies wohl früher der Fall war, den Nachtheil relativ dünner Linien überwinden zu können. Ist also dem Angriff für diesen Moment der Gefahr (eines Durchbrechens) nur die Unterstützung von der Seite in naher Aussicht, so kann er einer solchen von hinten um so mehr entbehren, da schlimmsten Falls ja das angenommener Maaßen vorhandene dritte Treffen da ist, sein Gegengewicht in die Wagschale zu legen. Man kann also sagen: kleinere Angriffstruppen, deren Frontentwickelung 800—1200 Schritt nicht überschreitet, bedürfen noch keines zweiten Treffens im alten Sinne, wenn ihnen nur eine im oben allgemein citirten Sinne eines dritten Treffens zurückgehaltene Truppe folgt. Mit andern Worten: eine Angriffstruppe, welche die Stärke **einer Brigade** nicht übersteigt, formirt sich am besten in eine erste Linie und in eine auf **größeren Abstand folgende Reserve** (im Geiste des dritten Treffens); besser als in zwei gleich starke Treffen von geringem Abstand untereinander.

Aber auch selbst da, wo eine bedeutendere Frontentwickelung der Unterstützung eines zweiten Treffens nicht ganz wird entrathen können, wird doch für diesen Zweck eine verhältnißmäßig geringe Stärke ausreichen. Handelt es sich ja lediglich nur darum, entweder zufällige Lücken durch Eindoubliren auszufüllen und somit einfach in den Angriff selbst einzutreten oder feindlichen Gegenunternehmungen auf so lange eine — durch die Hinterlader so sehr unterstützte — **reine Defensive** entgegenzusetzen, bis von rechts, links und hinten die etwa nothwendig gewordenen Unterstützungen eingreifen können.

Es wird darum in den meisten Fällen ausreichen, daß da, wo ein zweites Treffen Bedürfniß wird, dasselbe — soweit nicht später zu berührende Umstände sich dagegen geltend machen — als eine Abcommandirung oder Vorschiebung aus dem dritten Treffen behandelt und entsprechend von diesem gestellt werde; lieber, als daß um deßwillen eine Schwächung der ersten Linie erfolge.

Gehen wir, um damit zu einem Endresultate über diese Frage zu kommen, auf die spezifische Aufgabe des von uns sogenannten dritten Treffens ein.

Vorausgeschickt sei, daß wir mit Vorliebe den Namen „drittes Treffen" an Stelle des vielleicht sonst beliebten „Reserve" wählen, weil wir mit dem Begriff Reserve gar leicht der des „Stehenbleibens" verbunden wird, eine Rolle, die wir durchaus dem hier gemeinten Rückhalt des Angriffs nicht zuzuweisen gedenken!

Die gefährlichsten Gegenstöße, welche die Vertheidigung gegen den Angriff führen kann, sind diejenigen, welche in dem letzten dritten Stadium ihn treffen, weil er in demselben der feindlichen Feuerwirkung am entschiedensten ausgesetzt, also seinerseits am nächsten an denjenigen Punkt der Erschütterung herangebracht ist, welchen er durch seine Vortruppe der Defensive hat bereiten wollen. Dieser Gegenstoß muß und kann aber, wenn er diesen Vortheil ausbeuten will, nur gegen die Flanken des Angriffs gerichtet sein, weil er sonst — über seine Stellung frontal vorbrechend — jenen Feuervortheil aus der Hand geben würde. Nur wenn und wo dieses Verfahren nicht möglich ist, wird die Defensive ihren Gegenstoß unmittelbar nach erfolgtem Einbruch in frontaler Richtung versuchen.

Beiden Eventualitäten gegenüber ist aber der Angriff auf sein drittes Treffen angewiesen.

Dasselbe wird für den ersten Fall in der Lage, d. h. stark genug und nahe heran genug sein müssen, der feindlichen Flankenwirkung seinerseits in die Flanke gehen zu können, für den andern Fall wird ihm wesentlich nur die — im Kapitel von der Defensive näher zu erörternde — Rolle einer äußeren Reserve seiner momentan in die Defensive versetzten Haupttruppe zufallen.

Für beide Fälle würde das dritte Treffen das Feld seiner
Thätigkeit wesentlich auf beiden oder einem Flügel des Angriffs
zu suchen haben und diese Richtung wird für dasselbe gradezu maaßgebend, wenn man seine dritte und schwierigste Aufgabe in Betracht
zieht: den Angriff aufzunehmen — wenn er gescheitert ist. Die
Theorie, die Trümmer einer geworfenen Truppe durchlassen und
darnach dem Feinde noch erfolgreichen Widerstand leisten zu können,
welche seiner Zeit der Formation von zwei gleich starken Treffen
hintereinander zu Grunde lag, ist wohl heutigen Tags — nur noch
als Theorie zu betrachten. Eine wirkliche Aufnahme ist nur noch
von seitwärts möglich, wohin somit in glücklicher Uebereinstimmung
alle Anforderungen das dritte Treffen in Bezug auf seine Haupttruppe weisen.

Es bleibt die fernere Frage zu ventiliren, wie weit der Abstand
eines zweiten und dritten Treffens zu wählen! Nach dem, was
früher über diese Entfernungen gesagt ist, erscheint es möglich, sie
dahin zu beantworten: das zweite Treffen muß so weit abbleiben,
daß es nicht in Mitleidenschaft mit dem ersten kommt, d. h. auf
c. 300 Schritt und das dritte muß so naheheran folgen, daß es
sofort eingreifen kann, d. h. auf c. 500 Schritt, wobei für diesen
letzten Abstand die hinterste Truppe des wirklichen Angriffs, d. h.
event. also das zweite Treffen maaßgebend sein kann.

Die Treffen, wie wir sie seither betrachtet haben, können im
Allgemeinen als der defensive Beisatz des Angriffs bezeichnet
werden, dessen derselbe nicht ganz entbehren kann, so lange der Vertheidigung eine offensive Beimischung inne wohnt. Trotzdem, daß
sie damit für die eigentlich gestellte Aufgabe verloren scheinen, ist
doch auch für sie unter Umständen ein nicht unwichtiger Platz in
der reinen Offensive vorhanden, wenn freilich auch in etwas anderer
Form (und darum veränderten Stärkeverhältniß) als früher mit
dem „Durchgehen durch das erste Treffen" oder der „Wiederholung"
gefordert wurde. — Nach glücklich durchgeführtem Angriff des ersten
Treffens (der Hauptkraft) wird es nämlich dem zweiten Treffen zufallen müssen, im Innern einer genommenen Position mit den
abgesprengten Trümmern der Vertheidigung aufzuräumen und badurch

die ganze Kraft des Hauptangriffs für das grundsätzliche Streben die „jenseitige" Grenze der eroberten Position zu erreichen, frei zu machen. Dem dritten Treffen aber wird die Verfolgung zu überweisen sein, welche über die nachgesendete Kugel hinauszuführen, für die Haupttruppe oben so entschieden abgerathen, ja verweigert wurde.

So ergiebt sich denn schließlich, daß in der Tiefenrichtung die Aufgaben einer Angriffstruppe noch vielseitiger sind, als in der Breitenrichtung, und die Frage nach der Leitung dieser dafür bestimmten Abtheilungen tritt in den Vordergrund.

Ist es vortheilhafter, in der Breiten= oder in der Tiefenrichtung die Treffen unter einheitliche Leitung zu stellen?

Die Frage wird sich nach den vorher angegebenen Aufgaben der beiden Treffen dahin beantworten lassen, daß im Allgemeinen das zweite Treffen mehr in der Tiefen=, das dritte Treffen mehr in der Breitenrichtung einer einheitlichen Leitung bedarf.

Trotzdem wird diese Auffassung keine so unbedingte Geltung beanspruchen können, daß daraus eine unumstößliche Regel gemacht werden müßte. Die Aufgaben der Treffen sind, je nachdem man die momentane Situation ansieht, so verschieden, daß man hier besser daran thun wird, dem Führer des Ganzen freie Hand zu lassen.

So sehr also auch in der Einleitung zu dieser Studie die Nützlichkeit und Nothwendigkeit einer festeren Exercierplatzform betont sein mag — hier sind wir an der Grenze angekommen, wo man derselben größere Freiheit einräumen möchte, als sie bisher gehabt.

Für die taktische Einheit des Bataillons: feste Form, für die Action einiger Bataillone: feste Regel, für den Kampf mehrerer selbstständigen Truppenkörper: feste Prinzipien!

So ziehen sich die Grenzen zwischen Exercier= und Manöverterrain: fünf, sechs und mehr Bataillone aber manövriren schon, auch wenn sie auf freiester Ebene zu einheitlichstem Zwecke zusammenwirken!

Sobald ein Offensivtruppenkörper so stark wird, daß die Treffenfrage an ihn herantritt, wird es gut sein, ihm keine feste Form mehr vorzuschreiben. In der Form ist die Personalfrage der Leitung beschlossen, grade diese aber muß je größer die Verhältnisse werden, desto offener, d. h. desto mehr nach „Umständen zu entscheiden" bleiben.

Wie die taktischen Bedürfnisse heute liegen, hört mit dem Regiment die reglementarische Festsetzung auf! Ob die Brigade ihre Regimenter neben- oder hintereinander braucht — ist Sache des Brigadecommandeurs, als der ersten Instanz, welche die Wahl in Bezug auf die Treffenfrage hat!

In dem Maaße, wie die Größe der Truppenkörper wächst, also namentlich auch die Rücksicht auf die Mitwirkung anderer Waffen hinzukommt, wird auch der zu bewilligende Spielraum zunehmen, was aber freilich nicht ausschließt, daß für die Aufstellung dieser Massen (Rendez-vous-Formation) ganz bestimmte reglementarische Formen vorhanden sein müssen.

Für ihre Verwendung zum Angriff mit Rücksicht auf dieses hier besprochene dritte Stadium, wären somit nur etwa folgende Grundsätze zur allgemeinen Nachachtung zu geben.

1) Eine Angriffstruppe von mehr als 2—3 Bataillonen ist genöthigt, sich in mehrere Treffen zu formiren, um der nie außer Acht zu lassenden Möglichkeit eines feindlichen Gegenstoßes begegnen zu können.

2) Ein zweites Treffen wird nothwendig, wenn die Front des Angriffs eine so breite geworden ist, daß einem gegen sie geführten Stoß nicht mehr unmittelbar von den Flügeln her begegnet werden kann, namentlich also, wenn diese Ausdehnung die Entfernung eines Gewehrschusses überschreitet (800—1200 Schritt.)

Ein drittes Treffen ist nothwendig, um dem reüssirt habenden Angriff über den nie fehlenden Moment der Abspannung wegzuhelfen, in welchem eine gegen eine hartnäckige Vertheidigung vorgegangene Truppe sich naturgemäß immer befinden wird, und welche der Vertheidiger leicht zu einem Gegenangriff, sei es gegen die Flanke der grade zum Sturm schreitenden Abtheilungen, sei es auf die eben von ihnen genommene Stellung benutzen wird.

Ist daher ein zweites Treffen nur relativ nothwendig, so wird man das dritte niemals gut entbehren können; d. h. man wird fast immer genöthigt sein, einen gewissen Theil der Angriffstruppe der ersten Linie im Sinne eines dritten Treffens folgen zu lassen.

3) Ein drittes Treffen wird meist mit einer Stärke von $1/4 - 1/3$ der Gesammtkraft ausreichen; das zweite Treffen kann noch viel schwächer sein. Jenes soll dem feindlichen Gegenstoß durch seine Flankenwirkung begegnen, unter Umständen als äußere Reserve für die eben genommene Stellung dienen, oder die Verfolgung übernehmen; dieses: zufällig entstandene Lücken schließen, dem feindlichen Durchbruchsversuch rein defensiv entgegentreten, oder in der genommenen Stellung mit den feindlichen Trümmern aufräumen.

4) die Abstände dieser Treffen von der Haupttruppe der ersten eigentlichen Angriffslinie werden im Allgemeinen für das zweite mit 300 Schritt — so daß es nicht in direkte Mitleidenschaft mit jenem gezogen wird; für das dritte auf resp. 800—500 Schritt, so zu bemessen sein, daß es rechtzeitig zur Unterstützung heran sein kann.

Während das zweite Treffen prinzipiell auf den mittleren Intervallen, seiner Aufgabe entsprechend folgen muß, wird das dritte Treffen seiner beabsichtigten Wirksamkeit gemäß, am vortheilhaftesten auf die Flügel disponirt, was jedoch seine anfängliche Zurückhaltung in der Mitte nicht ausschließt, um je nach der einen oder andern Seite verwendbar zu bleiben.

Jedenfalls aber wird es auch für den äußersten Fall, daß es die geworfene erste Linie aufnehmen soll, auf den Flügel gezogen werden müssen.

5) Die Kombination des zweiten und dritten Treffens wird zu sehr von den jedesmaligen Umständen abhängen, um dafür feste Normen geben zu können. Im Allgemeinen wird es naturgemäß sein, das zweite Treffen in der Tiefenrichtung mit dem ersten unter einheitlichen Befehl, das dritte aber unter selbstständigen Befehl zu stellen; jedoch muß hierin dem Führer des Angriffs freie Hand gelassen werden. Es wird dabei wohl nicht zu umgehen sein, daß in einem zweiten Treffen mindestens die taktische Einheit des Bataillons in zwei selbstständige Halbbataillone zerlegt werden muß.

IV. Einige Schlußbemerkungen reglementarischen Inhaltes.

Aus alle dem, was seither über den Angriff und seine Formation beigebracht, geht hervor, daß für das, was in dieser Richtung verlangt ist, das „Exerzierreglement" vollständig ausreichende Mittel an die Hand giebt. Die ganze neue Taktik beschränkt sich darauf, den Accent gegen früher etwas zu verschieben, etwas Neues braucht nicht erfunden zu werden.

Wenn aber, wie es in der Einleitung gesagt ist, die Exerzierplatzgewohnheit dem Schlachtfeldbedürfniß entsprechen soll, ist es allerdings wichtig und nothwendig, daß von den im Reglement bereits vorhandenen Formen gewisse in den Vordergrund geschoben werden, welche seither hintan standen und umgekehrt.

Das entscheidende Wort darin ist bereits von entscheidender Stelle gesprochen; die neuen Directiven sagen: „die Normal-Gefechtsformation eines Bataillons in der Ebene ist in Compagniecolonnen; die Bataillonscolonne ist zu vermeiden; auch das zweite und dritte Treffen müssen nach Umständen diese Formation annehmen." —

Die Compagniecolonne ist nach dem Reglement selbst die Basis des Tirailleurgefechtes und es heißt nach allen Erfahrungen, die gemacht sind, wohl nicht zu weit gehen, jenem ersten Satz hier den andern vorzuschieben: „die Normalkampfform der Infanterie ist die Einzelordnung!" in der Ebene, wie im coupirten Terrain!

Wenn diese Wahrheiten die Grundlage der Exercierplatzübungen geworden sind, so wird man bei denselben allerdings einer Anzahl Formen der geschlossenen Ordnung entbehren können, welche jetzt noch eine große — und viel Zeit wegnehmende Rolle spielen.

Die hervorragende Bedeutung aber der Uebungen in den nothwendig bleibenden Formen der Massenordnung, wird sich damit nur noch mehr steigern!

Niemand wird es verkennen, je mehr die Einzelordnung Kampfform wird, desto wichtiger — als Erziehungsmittel der Truppe — wird die Gewöhnung des einzelnen Mannes an die Massenordnung! je nothwendiger jene, desto bedeutungsvoller diese!

Der Werth der Festigkeit der Bataillonscolonne, der Evolutions-Gewandtheit im Uebergang aus einer in die andere Formation,

der Findigkeit der Einzelnen wächst in dem Maaße, als die Noth=
wendigkeit des Uebergangs aus einer in die andere Form unter er=
schwerenden Umständen zunimmt.

Das sogenannte stramme Exerciren, d. h. die Gewöhnung
an die subtilste Ordnung und Unterordnung im gegebenen Moment
wird also durch die neuen Anforderungen an innerer Bedeutung
gewinnen; was dazu — im Frieden anschließend an das Kriegsbe=
dürfniß — dienen und nützen kann, soll nicht über Bord geworfen
werden — im Gegentheil!

Trotzdem bleibt richtig, daß die Einfachheit dieser Formen
mehr als je erwünscht! Liegt doch auch nicht in ihrer Complicirtheit,
sondern in der Sicherheit der Ausführung überhaupt, ihr disciplini=
render, vorarbeitender Werth. — Es erscheint darum wünschenswerth,
das bis jetzt bestehende nicht noch durch neue Formen zu vermehren
und zu erschweren, sondern lieber nach wirklich fruchtbringender mög=
lichster Vereinfachung zu streben.

Zu dieser Vereinfachungsfrage gehört jene vielfach ventilirte von
der zwei= und dreigliederigen Stellung. Es erscheint in der That
wünschenswerth, dieselbe definitiv gelöst, auf ein reglementarisches
entweder — oder, zurückgebracht zu sehn.

Es ist zwar nicht die Aufgabe dieser Zeilen, die „Für und Wider"
dieser Formationen zu erörtern, soviel aber steht fest: die Gründe,
welche seinerzeit (wo das Salvenfeuer die regelmäßige Kampfweise
der Infanterie repräsentirte) für die Einführung einer zweigliederi=
gen Stellung maaßgebend gewesen sind, existiren heute nicht mehr;
die Schützenlinie ist aus dreigliederiger Stellung eben so rasch
(man wird nicht um die 5—10 Schritt weiter rechten können) her=
gestellt, als aus zweigliederiger; und für die Massenordnung wo ja!
sie im Kampfe noch vorkommen kann, ist die dreigliederige Stellung
so brauchbar als die zweigliederige. Was aber früher und jetzt zu
Gunsten einer dreigliederigen Stellung beigebracht ist, bleibt durch
das seither Gesagte unberührt!

Eine allein reglementarisch bleibende dreigliederige Stellung
wird das Reglement um die complicirte „Schützenformation" verein=
fachen, die vielleich vortheilhaftere Vier= statt Drei=Gliederung der
Compagnie (in vier Halbzüge) zur Folge haben und doch — nichts
Neues schaffen!

Es scheint ein Widerspruch gegen die eben hier sogar durch einen Vorschlag unterstützte Vereinfachungsmaxime, wenn umgekehrt für die Bestimmungen über das Brigadeexerciren größere Freiheit im Reglement beansprucht wird.

Es ist oben schon erwähnt, nicht für die Rendezvous-Formation, noch für die Bewegung außerhalb des feindlichen Feuers soll und braucht an dem seitherigen etwas geändert zu werden; es entspricht die vorgeschriebene Form (die Regimenter hintereinander) am meisten der wahrscheinlichen Praxis (wo sie hintereinander marschiren) und der Raumersparniß. Nur von dem Moment der Verwendung an, sei der Commandeur nicht mehr an reglementarische Formen gebunden. Die „auseinandergezogene" Brigade ist heutigen Tages — im feindlichen Feuer — doch nicht mehr durch reglementarische Commandos zu leiten; darum eben bedarf sie keiner reglementarischen Formen mehr.

Es ist in der That unter obwaltenden Umständen nicht mehr möglich eine Normalgefechtsformation für eine Brigade festzustellen.

Von der Verwendung der beiden Regimenter neben- aber ihrer drei Bataillone hintereinander an, bis zur Entwickelung aller Bataillone nebeneinander, sind alle möglichen Combinationen in neuster Zeit mit Erfolg angewendet worden.

Es scheint praktisch darum, auch auf dem Exercierplatz dem höchsten Führer die Anordnung des wie? zu überlassen, — ist doch sein wo und wann so entscheidend!

Und was der Angriff in dieser Richtung beansprucht, wird durch die anderen Gefechtslagen nicht abgeschwächt.

Drittes Kapitel.

Die Defensiv-Offensive.

Alle entscheidungsuchende Defensive ist doppelt: Abwehr und Nachstoß!

Wo der Letztere fehlt, ist die Defensive die stärkere Form mit dem negativen Zweck, nach Clausewitz, hier aber haben wir es nur mit dem positiven Zweck des Sieges zu thun!

Die Defensiv-Offensive erstrebt dasselbe Ziel, wie die reine Offensive, nur auf anderem Wege. Beginnt die Offensive damit, die Widerstandskraft ihres Gegners zu erschüttern, um demnächst seine Schlagfähigkeit zu brechen, so sucht die Defensiv-Offensive dieses selbe Resultat auf dem Wege vorheriger Erschütterung der Stoßkraft der feindlichen Truppe zu erreichen.

Die Defensive hält es für leichter die Stoßkraft, als die Widerstandskraft zu erschüttern, deßhalb beginnt sie mit der Abwehr; wenn sie aber den Gegner brechen will, so ist sie genöthigt, ihre eigene Stoßkraft anzuwenden, sie mit der seither in Thätigkeit gebrachten eigenen Widerstandskraft zu vertauschen. Der Angriff erstrebt beide Aufgaben in derselben Form.

In diesem Wechsel aus einer Kampfform in die andere, liegt die Hauptschwierigkeit der Defensiv-Offensive, welche sie uns — trotz theoretisch-scheinbarer Vorzüge im Allgemeinen schon oben als prinzipielle Form verwerfen ließ.

Dieses Umsetzen nämlich ist mit seinem erstrebten Endresultat — dem Sieg — abhängig von der Erfüllung zweier Bedingungen:

> zunächst muß der Gegner, gegen welchen sich der entscheidende Nachstoß richten soll, wirklich und zwar nicht blos in seiner Stoß- sondern auch in seiner Widerstandskraft durch die Abwehr erschüttert sein; ein Resultat, welches keineswegs mit dem ersten Erfolg identisch ist. Auch wenn die Stoßkraft eines Angriffs so erschüttert ist, daß derselbe zurückgeht, so ist doch darum noch nicht immer auch die

Widerstandskraft der Truppe so bedeutend geschädigt, als sie es sein muß, wenn der Gegenstoß unbedingt reüssiren soll (nicht jeder abgeschlagene Angriff setzt die angreifende Infanterie hors de combat, wie oben bemerkt; und in der Wirklichkeit wird es nicht jeder Angriff auf die Trümmer ankommen lassen, von denen oben gesprochen). Ist der Widerstand erschüttert, dann ist freilich die Stoßkraft dieser Truppe miterschüttert, aber nicht jedesmal umgekehrt! —

Ist aber auch die erste Bedingung erfüllt, so bleibt die zweite: Der Gegenstoß muß die wie immer erschütterte Angriffstruppe auch rechtzeitig d. h. unmittelbar nach der Erschütterung treffen.

Es ist nicht zuviel gesagt, wenn wir behaupten, daß dieses „rechtzeitig" eine der schwierigsten Aufgaben für den Feldherrn, wie für die ausführende Truppe selbst, ausmacht.

Wir haben später bei Besprechung dieses zweiten Stadiums der Defensiv-Offensive darauf zurückzukommen.

Werfen wir erst einen Blick auf die andere Bedingung, welche durch das erste Stadium, die Abwehr, wie die Theorie sagt, leichter erreicht werden soll, als durch den Angriff: die Erschütterung des Gegners!

Als Gründe dafür, daß die Abwehr hierin leichteres Spiel haben soll, werden zwei Vorzüge geltend gemacht, welche sie in Bezug auf ihre Feuerwirkung — und diese ist es ja allein, welche die Aufgabe der Erschütterung lösen kann — vor dem Angriff besitzt:

> die Abwehr richtet ihr Feuer aus dem Stehen gegen den sich bewegenden Gegner, kann dasselbe nach Zeit, Zahl und Sicherheit mehr ausbeuten, als der Angriff; und
>
> sie findet dadurch, daß sie steht, leichter die gewichtige Hülfe im Terrain, welche heutzutage eine so große Rolle spielt.

Diese Vorzüge nehmen somit zunächst unsere Aufmerksamkeit in Anspruch.

Das Feuergefecht hat, es ist nicht zu verkennen, das Stehen zu seiner Voraussetzung, weil die Bewegung dem Schusse jede Garantie der Sicherheit benimmt und schließlich doch nur in den Treffern die Wirkung des Feuers liegt. Es ist schon in dem ersten

Kapitel hervorgehoben, welche Folgerungen immer und immer wieder die Waffentechnik aus dieser Abstammung der Defensive überhaupt zu ziehen sich bemüht. Es ist hier der Ort, demgegenüber hervorzuheben, daß schließlich auch für die beste Schußwaffe die Sicherheit des Treffens doch nur dann eine gewisse absolute Bedeutung hat, wenn **Schütze und Ziel stehn**. Daraus folgend, daß unter sonst gleichen Verhältnissen auch der offensive Schütze den Nachtheil der Bewegung auf die Treffsicherheit seiner Schüsse mindestens einigermaßen dadurch ausgeglichen sieht, daß ihm gegenüber das **Ziel** ein **feststehendes** ist.

Der Vorzug der Defensive in dieser Richtung beruht also weniger auf dem Stillstehn an und für sich, als vielmehr lediglich auf den **günstigen Verhältnissen**, unter welchen sie ihre Feuerwirkung auf den Angreifer geltend machen kann.

Nur da, wo die Abwehr ihr Feuer von der äußersten bis zur letzten Grenze seiner Wirksamkeit wirklich ausbeuten, nur da, wo sie durch besondere Umstände (z. B. vorher mögliche Merkzeichen ꝛc.) seine größere Treffsicherheit gewährleisten, nur da, wo sie durch äußerliche Begünstigungen seine numerische Ueberlegenheit (hinter Defiléen-Etagenfeuer z. B.) zur Geltung bringen kann, ist es das Feuer, welches ihr die Ueberlegenheit über den Angriff verschafft.

Ueberall, wo das nicht der Fall sein kann, tritt heutigen Tages die offensive Schußwaffe bei ihrer großen Beweglichkeit der defensiven Verwendung absolut ebenbürtig gegenüber.

Alle diese „wo's", diese Grundbedingungen hängen ab — vom **Terrain!**

Daß die Waffe als solche sie ersetzen könnte — wie es allerdings z. B. der Hinterlader dem Flitzbogen gegenüber kann — ist ein Fall, den wir hier und heute nicht mehr in Rechnung ziehen können.

Der erste der oben genannten Vorzüge der Abwehr verweist uns also damit einfach auf den zweiten: den voraussichtlichen resp. zu erstrebenden **Terrainvortheil** vor der Offensive, welcher damit also gewissermaßen zu einem doppelten wird, werden soll.

Die **Stellung** in der That ist es, welche allein der Abwehr die erstrebte Ueberlegenheit verschaffen kann, die Stellung, insofern sie die Feuerwirkung direkt begünstigt, sie indirekt durch die gewährte Deckung unterstützt.

Auch die alte Lehre von der Defensive schon hat diesen Umstand nie mißkannt, die richtige Wahl der Stellung ist für sie der Hauptgegenstand ihrer Erörterungen, die wir deßhalb hier nur in soweit zu recapituliren haben, als es sich für uns darum handelt, zu untersuchen, ob und welche Modificationen die neuen Waffen etwa darin hervorgerufen haben können.

Das freie Schußfeld vor der Front; die Flügelanlehnungen; feste Stützpunkte im Innern; freie Beweglichkeit in und hinter; ein Fronthinderniß vor der Stellung — das sind wohl so in großen Zügen die Anforderungen, welche alle taktischen Lehrbücher an eine gute Stellung gemacht.

Es ist nicht zu läugnen, da, wo es sich um reine Abwehr handelt, bleiben auch heutigen Tages für die besten Waffen diese Anforderungen die maaßgebenden.

Für die Defensiv-Offensive aber streben wir doch über dieses reine Verhältniß hinaus und da lassen sich denn zwei Vortheile geltend machen, welche das rasche, rasante, sichere Feuer der verbesserten Waffen in diese alten Anforderungen zu Gunsten des auch damals wohl schon immer beabsichtigten, aber erschwerten Nachstoßes in die Wagschale der Stellungsanforderungen werfen.

Der Angriff muß nach wie vor, wenn er eine Stellung erobern will, denselben Raum wie früher zurücklegen, schließlich bis in die Stellung herankommen. Auf diesem Wege ist er jetzt des weitertragenden Gewehrs wegen viel länger, und des raschfeuernden wegen viel intensiver beschossen, als früher; gelingt es ihm auch durch die eigene bessere Bewaffnung diesen Nachtheil einigermaaßen auszugleichen, so bleibt doch immer noch ein gewisser Ueberschuß zu Gunsten der Abwehr, welche, wenn auch nicht überwältigend, wie man gern glauben machen will, so doch nicht unbedeutend, durch diese Vervollkommnung an Kraft gewonnen hat. Das heißt aber nichts anderes, als: die Defensive kann dasselbe früher erstrebte Resultat jetzt mit geringeren Kräften erreichen, Kraft sparen!

Wenn heutzutage ein Schütze dreimal so weit und dreimal so rasch und dreimal so sicher schießen kann, als früher, so leistet er damit doch mindestens so viel als früher drei Mann und was dadurch in der Besetzung der Stellung erübrigt werden kann — bei gleichem Endresultat der möglichen Behauptung — kommt dem

Nachstoß der Defensive zu Gute, welche nach der Theorie vom Angriff, der sie werden will, nie zu stark sein kann.

Diesem direkten Vortheil, der — wir haben beim Angriff davon gesprochen — wahrlich kein illusorischer ist, wenn er auch nicht, wie Theoretiker gern behaupten, in demselben Verhältniß mit der Vervollkommnung der Waffe wächst, weil dieselbe ja auch immer in etwas dem Angriffe zu Statten kommt, gesellt sich, aus ihm sich folgernd, ein indirekter, vielleicht noch bedeutungsvollerer zu.

Es ist oben erwähnt, daß die alte Theorie mit der alten Waffe der indirecten Hülfe eines **Fronthindernisses** nicht glaubte entbehren zu können. Der an demselben dem Angreifer erwachsende Aufenthalt resp. die Möglichkeit das Feuer auf wenig Defiléen zu beschränken, mußte ersetzen, was der alten Waffe an Tragweite, Treffsicherheit und Schußschnelligkeit abging. Für die entscheidungsuchende Defensive, für den Gegenstoß aber, ist und war — die Alten haben es nicht verkannt — dieses Fronthinderniß — selbst ein Hinderniß. Die Kraft des modernen Hinterladers hat diesen Bann von der Defensive=Offensive genommen — die Lehre von den Fronthindernissen kann heutigen Tages als eine **überwundene** betrachtet werden!

So ergiebt sich denn als Endresultat dieser allgemeinen Untersuchung:

Die Defensive=Offensive ist und bleibt abhängig vom Terrain!

Die modernen Hinterlader haben in den an die Stellung zu machenden Anforderungen einige begünstigende Modifikationen gebracht, indem sie einestheils die **schwächere Besetzung**, anderntheils den **Fortfall eines Fronthindernisses** gegen früher gestatten! und dadurch direkt und indirekt den nothwendigen Nachstoß erleichtern!

Die Grundbedingung aber für die Anwendung dieser Kampfform bleibt in erster Linie die immer nur eventuell erreichbare Nothwendigkeit — eine solche Stellung wirklich zu haben!

Der eine Grundsatz der daraus folgend sich für eine Gefechtsinstruction ergäbe, kann also nur den im ersten Kapitel schon gegebenen erweiternd lauten:

Eine Defensiv=Offensive ist nur da berechtigt, wo die Truppe eine Stellung findet, welche die reine Abwehr unter so entschieden günstigen Chancen erlaubt, daß mit Sicherheit auf die Erschütterung der gegnerischen Stoß- und Widerstandskraft durch eine verhältnißmäßig schwache*) Besetzung gerechnet werden kann; und welche doch dabei die rasche und energische Ergreifung des richtigen Moments für den eigenen Nachstoß, sowie die ausgiebige Verwendung der eigenen Kräfte dazu und seine mögliche Fortsetzung über die eigene Linie hinaus gestattet!

Gehen wir dazu über, die beiden Stadien der Defensiv-Offensive näher zu betrachten. Wie bei der Offensive vorausgesetzt war, daß der entscheidende Fleck zum Angriff richtig gegeben, so wird hier angenommen, daß die gute Stellung zur Vertheidigung gefunden — nur um die modernen Bedingungen der guten Durchführung des einmal Bestimmten handelt es sich auch hier.

I. Das Stadium der Abwehr.

Die reine Abwehr soll in erster Linie für die Defensiv-Offensive leisten, was die Vorbereitungstruppe für den Angriff: sie soll den Gegner erschüttern.

Im weiteren Verlauf der Dinge aber soll sie auch eine gewisse Zeit hindurch — so lange, als nöthig ist, um den Umsatz in der Form durch- d. i. den Gegenstoß vorzuführen — mindestens der Stoßkraft des Angriffs ihre eigene Widerstandskraft entgegensetzen können.

Die Aufgabe der Abwehr theilt sich darum ähnlich, wie die des auf sie gerichteten Angriffs in eine vorbereitende und eine Hauptthätigkeit.

---

*) Es wird in diesem ganzen Kapitel immer nur von dem relativen Stärkeverhältniß zwischen den zur reinen Abwehr („möglichst wenig") und den zum entscheidenden Gegenstoß bestimmten („möglichst viel") Truppen die Rede sein. Auf ein bestimmtes Zahlenverhältniß einzugehen würde erst möglich, wo man ein bestimmtes Terrain im Auge hat. Immerhin wird es nützlich sein, hier zu bemerken, daß eine Stellung, welche mehr, als allerhöchstens die etwas größere Hälfte der disponiblen Macht für die reine Abwehr beansprucht, nach unserer Ansicht eine schlechte ist, und daß es uns scheinen will, daß um günstig genannt zu werden, eine Defensiv-Offensive das Zahlenverhältniß von $1/3$ zu $2/3$ zwischen Abwehr und Gegenstoß erstreben muß.

Sollte die Abwehr diese Doppelaufgabe auf der ganzen Länge der gewählten Stellung lösen, so läßt sich leicht übersehen, daß dazu eine numerische Kraftentwickelung erforderlich wäre, welche die voraussichtlich vorhandene um so mehr überschreiten würde, als grundsätzlich für das Abwehrstadium nur ein Minimum in dieser Richtung verwendet werden darf — soll nicht der Nachstoß compromittirt werden.

Eine Defensive, welche bei faktisch vorhandener numerischer Ueberlegenheit über ihren Gegner sich trotzdem in dieser Form befände, braucht füglich hier nicht in Betracht gezogen zu werden. Die Abwehr würde für sie — ohne Versündigung an den Grundprinzipien der Taktik — nur ein so kurzes, zufälliges, allenfalls absichtlich scheinbares Stadium bilden, daß wir hier keine Grundsätze für solches Verfahren aufzustellen brauchen.

Für uns kann es sich nur um Verhältnisse handeln, in welchen die numerischen Kräfte sich im Allgemeinen das Gleichgewicht halten, wo die Wagschale höchstens zu Ungunsten der defensiven Stärke ausgeschlagen hat.

Unter solchen Stärkeverhältnissen ist es klar, daß die Abwehr nicht an eine überall gleichmäßige, überall jeglicher Eventualität gewachsene Vertheilung, der ihr ja prinzipiell sparsam zugemessenen Kräfte denken kann.

Sie muß also andere Hülfsmittel aufsuchen, welche freilich wesentlich wieder nur in der von ihr angenommener Maaßen unabhängig — aber doch immer mit besonderer Rücksicht auf sie — getroffenen Wahl der Stellung fußen, auf welche sie aber durch die ihr obliegende Art der Besetzung immerhin einen gewissen Einfluß üben kann.

Es ist ein anerkannter Vorzug der Offensive, welcher ja auch mit dieselbe zur stärkeren Form gemacht, daß derselben zeitlich und local die Initiative zufällt, mit der sie den Gegner überraschen kann. Diesem speziellen Vortheil (dort! und jetzt!) gegenüber besitzt aber doch die Defensive eine gewisse allgemeine Initiative, vermöge deren sie (wenn sie nur strategisch richtig sich aufgestellt, wovon wir hier nicht zu reden) den Gegner an sich anzieht und ihn durch die gewählte Stellung zum Vorgehen in einer oder doch nur einigen bestimmten Richtungen zwingt, die ihr vorher bekannt sind.

Auf diese — allerdings von der glücklicheren oder unglücklicheren Wahl der Stellung abhängige — Hauptangriffsrichtungen muß sich also die reine Abwehr einschränken, um hier die ihr gestellte Doppelaufgabe möglichst vollständig zu lösen, während sie an den übrigen Stellen sich nur beobachtend verhält.

An diesen möglichen Hauptangriffsrichtungen müssen ihre (d. h. der Stellung) Stützpunkte liegen und ihre starke Besetzung muß und wird wiederum unfehlbar den Angreifer auf sich ziehen.

Selbst wenn zwischen einzelnen Stützpunkten einer Defensivstellung weder durch Terrainverhältnisse noch defensive Truppenaufstellungen dem Gegner das Eindringen verwehrt ist: die gut gewählten Stützpunkte werden trotzdem auf ihn eine unausbleibliche Anziehungskraft ausüben, sei es, weil sie direkt, durch die von ihnen ausgehende Feuerwirkung, sei es weil sie indirekt durch die auf sie basirten Flankenstöße den Angreifer solange in Rücken und Flanke bedrohen, bis er sich ihrer bemächtigt hat.

Das erste Bedürfniß der Abwehr also, wenn sie mit ihren relativ schwachen Kräften ihre Aufgabe lösen will, ist: sich an den entscheidenden Stützpunkten concentrirt aufzustellen!

Negativ ausgedrückt, lautet diese Anforderung dahin, daß die Abwehr: niemals Kräfte dahin tragen darf, wo sie voraussichtlich keinem entscheidenden (entscheidungsuchenden) Angriff ausgesetzt, wo sie wahrscheinlich nur „beschäftigt" werden wird.

Ist so für die reine Abwehr das allgemeine Besetzungsprinzip — an den entscheidenden Punkten concentrirt, dazwischen nur beobachtend — gefunden, so handelt es sich jetzt weiter um ihre Detailaufgabe an den Orten der Concentration.

Es liegt wohl nur in der Natur der Sache, daß jeder einzelne solche Punkt, ein selbstständiges Ganze unter einheitlicher Führung bilde, deren ganze Aufgabe darin culminirt: mit den ihr unterstellten Kräften — sich an dem bezeichneten Fleck zu behaupten!

Ist oben von einem richtigen und vollwichtigen Angriff gesagt worden, er müsse geführt werden in der Ueberzeugung, daß „das Schwert schneidet oder springt", so kann man hier verlangen, daß die Abwehr geführt werde im Bewußtsein, „daß der Schild wehrt oder spaltet"! War beim Angriff gesagt, daß er ja nie wissen könne, auf welche Kräfte er stoße, so muß hier von der Abwehr behauptet werden, daß sie nie wissen kann, ob ihr nicht „doch noch" Entsatz kommt.

Nur die selbstbewußte hartnäckigste Zähigkeit im Widerstande stellt sich ebenbürtig der zum Aeußersten entschlossenen Energie des Angriffs gegenüber.

Die Möglichkeit der Räumung muß der Abwehr ebenso fern liegen, als dem Angriff der Gedanke an Rückzug!

Es scheint hier der passende Ort vor dem Gegenbilde jener früher gerügten voreiligen und unnützen Engagements des Angriffs zu warnen; vor jener oft — und hier nicht immer ohne höhere Schuld — wieder vorkommenden zu lange ausgedehnten Vorposten- (Arrièregarden und Avantgarden- ꝛc.) Behauptung und Bataillirung vor der eigentlich gewählten Vertheidigungsstellung. Auch hier muß volle Klarheit des Urtheils und des Willens beansprucht werden; wer sich defensiv schlagen will und kann in günstiger Stellung, der soll nicht erst — unter welcher Firma es sei — eine schwache Abtheilung seiner Kräfte dem Schicksal aussetzen vereinzelt, unnütz, ja als abschwächendes Beispiel für den Muth der anderen — vor seiner Front vom überlegenen Feind verzehrt zu werden.

Was hierin, als Einleitung zur Orientirung geschehen muß, darüber im Kapitel vom hinhaltenden Gefecht! —

Das nebenbei zurück zu dem einen Führer, welcher einen Stützpunkt zu behaupten hat.

Die alte Theorie — trotz Allem die Mutter unserer heutigen Weisheit — liebte es, wie die Colonnenform für die Offensive, die lineare Verwendung der Truppen für die Defensive in den Vordergrund zu stellen. Die modernen Anschauungen treten dem nur bekräftigend bei.

In der vollen Kraft der Feuerwirkung, und wesentlich wohl nur in ihr, liegt die volle Kraft der Abwehr. Dieser Satz aber bedingt die Nothwendigkeit, in die erste Linie soviel Gewehre zu bringen, als irgend möglich d. h. die prinzipiell lineare Form.

Die Tendenz der Abwehr muß es sein, ihrer Feuerwirkung: die Ueberlegenheit über die möglicherweise vom Feinde gegen sie geltend zu machende mit allen Mitteln zu sichern.

Daß und wie dieß ev. an beschränkter Stelle numerisch zu erreichen (hinter Defileen concentrisch; Etagenfeuer ꝛc.) ist bereits berührt, es mag hier als in das allgemeine Gebiet der Stellungsauswahl gehörig zur Seite bleiben.

Das andere Mittel, durch vorher abgesteckte Wahrzeichen sich mindestens die Ueberlegenheit der Treffsicherheit zu schaffen, sei hier als dringend anzurathen erwähnt, wenn auch seine Anwendung wesentlich von der vorhandenen Zeit abhängt.

Von Ort und Zeit abhängig ist das dritte Mittel sich die Ueberlegenheit zu wahren, die Deckung d. h. die im Terrain zu suchende möglichste Abminderung der Verluste. Bis zu einem gewissen Grade aber wird sie immer vorhanden sein, weil eben mehr oder weniger jedes Terrain dem stehenden (liegenden) Mann diesen Schutz gewährt. Ihn nach Möglichkeit (fortifikatorisch) zu steigern darf die Abwehr nie unterlassen und für sie ist und bleibt der Schützengraben heute nahezu ein Lebensbedürfniß!

Das Alles aber sind — obgleich Mittel von höchster Wichtigkeit — Dinge, die von den einmal gegebenen Verhältnissen (Oertlichkeit, Zeit, Hülfsmittel) abhängen. Für uns hier handelt es sich mehr um die allgemeinen, für alle Verhältnisse maaßgebenden Grundsätze der Truppenverwendung.

Wie beim Angriff, so auch hier bei der Abwehr an bestimmter Stelle, fällt derselben die Doppelaufgabe zu der Vorbereitung und der Durchführung.

So gut, wie beim Angriff, muß auch hier (d. h. an den Stützpunkten concentrirt,) dem ersten Theil der Aufgabe, die ganze nach dem Terrain überhaupt nur verwendbare Stärke — aber auch nicht mehr, zugewendet werden d. h. die Abwehr an einer bestimmten Stelle, muß die erste Linie von Hause aus so dicht mit Schützen besetzen, als es irgend möglich ist und als überhaupt zur Wirksamkeit kommen können. Da diese Schützen sich nicht zu bewegen brauchen, da sie ferner, wie auch immer, gedeckt etablirt sein werden, können sie dichter stehen, als beim Angriff, ohne in ihrer Wirksamkeit gehindert oder außerordentlichen Verlusten ausgesetzt zu sein und der Grundsatz kann aufgestellt werden: die reine Abwehr hat soweit irgend thunlich: auf je einen Schritt ihrer Vertheidigungslinie einen Schützen in erster Linie zu verwenden.

Das Feuer dieser Linie soll und muß auch hier ein möglichst ununterbrochenes sein, und es tritt darum auch hier die Nothwendigkeit einer Soutienslinie zur Deckung des Verlustausfalles auf.

Es wird angesichts der günstigeren Deckungsverhältnisse genügen, dieselbe auf die halbe Stärke der Schützen- — (ersten) — Linie zu berechnen. — Es wird dabei nicht erst nöthig sein, ausdrücklich zu bemerken, daß das faktische Einrücken in diese Besetzung erst einzutreten hat, wenn der Angriff sich erkennbar entwickelt.

Es folgt der Anspruch, der in dritter Instanz an die reine Abwehr gestellt wird, mindestens solange bis der eigene Gegenstoß wirksam werden kann, die eigene Widerstandskraft der Stoßkraft des gesammten Angriffs entgegenzusetzen.

Wir müssen uns aus dem beim Angriff durchgesprochenen Verfahren den Moment vergegenwärtigen, unter welchem diese Leistung beansprucht wird.

Die offensive Vortruppe hat durch Zahl- und Raumüberlegenheit (concentrische Umfassung) die erste Linie der Abwehr zum Schweigen gebracht, sie bricht an dieser oder jener Stelle mit ihren Massen ein, convergirend Alles dorthin dirigirend, was noch zurück ist.

Mit verhältnißmäßig schmaler Front, aber desto bedeutenderer Tiefe wird sich der Strom in die gemachte Dammbruchstelle ergießen!

Diesem Strom sich entgegenzustemmen, bedarf die reine Abwehr einer Reserve- oder Haupttruppe, nach Analogie des Angriffs, aber ohne Präjudiz für die Stärke diesen Ausdruck benutzend.

Wo es geschehen kann, wird dieselbe für ihre Aufgabe selbstständige Reduits in der Stellung d. h. durch die seitherige Angriffsvorbereitung noch nicht erschütterte feste Punkte, welche eine neue Vorbereitung, neuen Sturm erfordern, benutzen.

Die Tragweite, Präzision und Vernichtungskraft der modernen Artillerie aber wird diese Möglichkeiten auf ein Minimum reduzirt haben. Selbst in Dorfgefechten wird meistentheils schon vor dem eigentlichen Einbruch des Sturmes das innere Reduit nicht minder mitgenommen sein, als die Lisière, wenn es nicht ausnahmsweise geschützt ist!

Bei weitem seltener als früher wird es heute möglich sein, der ersten Periode der passiven Abwehr eine zweite innere folgen lassen zu können. Das Schicksal innerer Reserven wird mehr als je mit dem der äußeren ersten Linie zu einem einzigen zusammenschmelzen.

Bei weitem häufiger als früher wird daher heute die Reserve der reinen Abwehr von ihrer passiven Aufgabe der Widerstandskraft, zu der aktiven der Ausnutzung ihrer — partiellen — Stoßkraft schreiten müssen, d. h. bei weitem mehr als früher beruht das Heil auch der reinen Abwehr auf der Beimischung der ihr freilich auch früher schon nicht fremden Offensivelemente!

Wir haben gesehen, der von der reinen Abwehr gut empfangene Angriff ist nicht in der besten Verfassung seinerseits seine Widerstandskraft sehr geltend zu machen, auch partielle Gegenstöße in diesem Moment, namentlich wenn sie seine Flanke treffen können, werden ihn leicht zum Stutzen bringen, ihn wohl jedenfalls in der Verfolgung des für ihn entscheidenden Zieles, die „jenseitige Grenze" zu erreichen, aufhalten können.

Es bedarf dazu seitens der reinen Abwehr keiner absolut überlegenen Kräfte, da auch der Angreifer seine numerische Ueberlegenheit nicht sofort entwickeln, nicht unmittelbar zur Geltung wird bringen können. Die Chancen des Vertheidigers liegen jetzt in der Ueberraschung, der Flankenwirkung, seiner in erste Linie tretenden Energie!

Sei dem aber, wie es wolle, ob die Abwehr rein passiv, ob sie activ auftrete, die Entscheidung wird sich selbst in dem eigentlichen Prototyp der Defensivkämpfe — in den Ortsgefechten — heute rascher finden, als früher; die hartnäckige Zähigkeit der früheren Kämpfe dieser Art kann sich, seltene Ausnahmen abgerechnet, dem rasch fressenden Hinterlader gegenüber wohl schwerlich irgendwo in altem Maaße wiederholen.

Daraus folgt, daß auch die reine Abwehr für den zweiten Theil ihrer Aufgabe weniger auf die numerische Zahl ihrer Kräfte, als vielmehr auf die rasche, überraschende Einwirkung derselben angewiesen ist, und darum, trotz des Ausdrucks „Haupttruppe" doch immer ihre „Hauptkraft" numerisch, soweit irgend thunlich in die erste Linie (Lisièrenbehauptung) legen muß.

Das gegenseitige Stärkeverhältniß zwischen Vortruppe (Schützen und Soutiens) und Haupttruppe (Reserve) der Abwehr wird somit, je nach der vorhandenen Stellung, wesentlich variiren. Jedenfalls aber wird eine gleiche Stärke beider als das Maximum des Nothwendigen für das Stadium der reinen Abwehr bezeichnet werden können. Eine, wie sie soll, an den entscheidenden Stützpunkten concentrirt auftretende Defensive wird also nach dieser Rechnung mit drei Mann auf den Schritt der gegebenen Frontentwickelung der Stellung ausreichen. Diese Gesammtkraft aber wird nach Umständen sich zu Gunsten der ersten Linie gegen die Reserve bis zu dem Verhältniß von 3 : 1 gliedern.

Es wäre weiter zu untersuchen, wie nahe die verschiedenen bis jetzt als nothwendig erkannten Abtheilungen ihren Abstand von einander berechnen müssen.

Da jede Bewegung im wirksamen feindlichen Feuer immer etwas mißliches hat, der Moment aber, wo die Defensivschützenlinie der Unterstützung der Soutiens voraussichtlich am meisten bedürfen wird, der Zeit nach mit dem intensivsten (Schnellfeuervorbereitungs-) Feuer des Angriffs zusammenfallen wird, muß es wohl als Regel hingestellt werden, die Soutiens so nahe als irgend möglich hinter der Schützenlinie zu placiren, um sie sofort bei der Hand zu haben. Den Nachtheilen, welche durch eine solche Aufstellung nicht immer durch die Deckung im Terrain werden ausgeglichen werden können und welche namentlich dem feindlichen Artilleriefeuer gegenüber leicht Schützen und Soutiens gemeinsam werden schädigen können, ist vielleicht am besten zu begegnen durch gleich von Hause aus durchgeführte Zerlegung der Soutiens in kleine Abtheilungen. Dem Bedenken einer dadurch geförderten zu frühen Vermischung, welcher beim Angriff Rechnung getragen werden mußte, tritt hier wohl das beiderseitige Stillliegen ausreichend entgegen.

Für die Reserve dagegen kommt es zunächst darauf an, sie während des Vorbereitungsstadiums des Angriffs der Wirkung des feindlichen Feuers möglichst zu entziehen. Je nach der Terraindeckung freilich verschieden, werden im Allgemeinen 3—400 Schritt hinter ihrer Schützenlinie genügen, um sie nicht mehr der Mitleidenschaft der Zielwirkung der Angriffsartillerie gegen die erste Linie zu exponiren. Andrerseits da selbst ihr Frontalauftreten erst ganz kurz vor ober unmittelbar mit dem Einbruch zu erfolgen hat, um desto überraschender zu wirken, wird dieser Abstand nicht als zu weit bemessen erscheinen; höchstens mag die Regel gelten, daß die Reserve etwas näher hinter ihren Schützen stehn muß als die Entfernung von diesen zu den feindlichen Angriffsschützen beträgt.

Naturgemäß hängen aber diese Abmessungen gänzlich von der Oertlichkeit ab, welche in Dorfgefechten z. B. wesentlich modifizirend eingreifen wird und muß.

Eine fernere Frage, nachdem die allgemeinen Prinzipien für Eintheilung, Stärke, Abstände der Abwehrtruppe festgestellt, betrifft die Frage ihrer Leitung.

Es ist bereits im Kapitel von der Offensive das Prinzip festgestellt, daß die Einheitlichkeit der Leitung abhängig ist von der Einheit des zu erreichenden Zieles und der Möglichkeit des zu übenden persönlichen Einflusses.

Unter diesem Gesichtspunkte betrachtet, stellt sich bei der Abwehr die Nothwendigkeit einheitlicher Leitung in der Tiefenrichtung, als die dem Zwecke des zähen Widerstandes unbedingt am besten entsprechende heraus und wir werden darum hier dieselbe für Schützen und Soutiens unbedingt, für die dahinter stehende Haupttruppe (Reserve) aber auch für den Fall in Anspruch nehmen, daß ihre Aufstellung auf einer für den Führer der vorderen Linie sichtbaren Entfernung erfolgen kann (was ja nicht immer lediglich von der Entfernung an sich abhängt).

Da es nun ferner in der Natur der Abwehr, welche eben keine spezialörtliche Initiative besitzt, liegt, daß sie an jedem beliebigen Punkte ihrer Stellung Objekt des feindlichen Angriffs werden kann, so wird es sich wiederum empfehlen, sie dafür in der Breitenrichtung auf nicht allzugroße Entfernungen aus relativ selbstständigen Abtheilungen nebeneinander zusammenzusetzen. Dafür werden sich nun die Compagniecolonnen als recht eigentlich qualifizirt erweisen, d. h. in der Abwehr werden sie die taktische Einheit sein!

Das Alles hängt, wie überhaupt bei der Abwehr, sehr innig mit den localen Verhältnissen zusammen, welche ja in der Breitenrichtung leicht ebenso einartiger Natur sein können, daß auch hier eine einheitliche Leitung erwünscht erscheinen und dann wieder im Bataillon sich finden lassen, kann.

Nicht — was grade bei der Mannichfaltigkeit der Erscheinungen hier so unpraktisch wäre — um eine Normalgefechtsformation für ein defensives Bataillon aufzustellen, sondern nur um die seither ausgesprochenen Gedanken daran zu erläutern würden wir also sagen:

Ein Bataillon (natürlich im Verbande zu andern gedacht) welches im freien Terrain z. B. einen Bergrücken besetzend, sich defensiv schlagen will, wird seine vier Compagnien auf je 80—100 Schritt auseinanderziehen; jede Compagnie (zu 200 Gewehren) wird einen Zug als Schützen (80 Schritt Frontbreite) auflösen, dahinter auf 50—100 Schritt einen halben Zug (ev. sektionsweise auseinandergezogen) als Soutien postiren, mit 1½ Zügen deployirt oder in Halbzugscolonne mit geöffneter Linie auf etwa 3—400 Schritt von der Schützenlinie sich etabliren; oder aber, ein Bataillon, welchem eine Lisière (Wald-Dorf ꝛc.) zur Vertheidigung überwiesen ist, welche den Einbruch des Feindes nur an bestimmten Eingängen erwarten läßt, wird je nach der Anzahl dieser voraussichtlichen Einbruchsstellen seine Compagnien à cheval derselben (zur speziellen Vertheidigung der Barricade unbedingt vortheilhafter, als die Abschnittseintheilung von Straße zu Straße in der Front) aufstellen und je nach Umständen eine bis zwei derselben geschlossen als Reserve zurückhalten, während die in erster Linie fechtenden drei oder zwei Compagnien sich in Schützen und Soutiens auflösen. —

Der Umstand, daß die Widerstandskraft schon nach rein mechanischen Gesetzen mit der Tiefenausdehnung wächst, welche der Widerstehende dem gegen ihn geführten Stoß entgegenstellt, und welcher uns oben das Bedürfniß einheitlicher Führung in der Tiefenrichtung geltend machen ließ, bringt uns bei der reinen Abwehr von einer ganz anderen Seite her, als dies beim Angriff der Fall war, auf die Treffenfrage; und doch insofern wieder ist es derselbe Gedankengang, als es ja auch dort galt, dem Angriff durch die Treffen über den Moment fortzuhelfen, wo voraussichtlich seine Widerstandskraft auf die Probe gestellt werden würde.

Es ist in der eben vorhergegangenen Abhandlung über die reine Abwehr, absichtlich, trotz mannichfach angezogener Aehnlichkeitsbeziehungen der Ausdruck „erste Linie" und „Reserve" grundsätzlich anstatt der beim Angriff angewendeten Bezeichnungen „Vor- und Haupttruppe" gebraucht worden. Es ist in der That bei der reinen Abwehr mit der Verwendung jenes als „Reserve" bezeichneten Theiles ihrer Kraft für sie alles Erreichbare abgethan, sie selbst damit an ihrem letzten Ziele angekommen, welches eben das ist, sich mit ihrer letzten Kraft zu behaupten. Dieses Beharrungsvermögen erschien uns durch den Ausdruck „Reserve" am besten verdollmetscht und grade weil diesem Ausdruck etwas äußerstes, zähes, passives anklebt, haben wir ihn beim Angriff vermieden. Es kam die bekannte Terminologie aller Lehrbücher dazu, welche von der Truppe, welche wir hier in der Abwehr gemeint haben, für das Ortsgefecht mindestens schon lange den Ausdruck „innere Reserve" zum Gemeingut gemacht hat. Umgekehrt wollen wir darum wieder nicht der für den Gegenstoß der Defensiv-Offensive bestimmten Truppe den Namen einer Reserve beilegen.*)

Nun ist es aber klar, daß wenn, wie es ja doch leicht trotz prinzipieller Sparsamkeit, geschehen muß, die Stärkeverhältnisse der reinen Abwehr selbst an den einzelnen Concentrationspunkten größere Dimensionen annehmen, als hier in der allgemeinen Betrachtung vorausgesetzt worden, auch für sie die bloße Dreitheilung in Schützen, Soutiens, und Reserve nicht ausreicht. Wo, wie es ja in Entscheidungsschlachten heutiger Massen vorkommen wird und vorgekommen ist, ganzen Brigaden, Divisionen, ja Corps die Rolle der reinen Abwehr zufallen kann, bis andere Kräfte den Gegenstoß übernehmen, wird schon aus rein räumlichen Gründen die Frage der Treffeneintheilung an diese größeren Abtheilungen herantreten.

Im Gegensatz zu dem, was im Kapitel von der Offensive gesagt ist, wird bei der Abwehr für die Nützlichkeit und Nothwendigkeit eines zweiten Treffens ein viel bedeutenderes Gewicht, in die Wagschale fallen. Wir haben dasselbe dort wesentlich nur als Lückenbüßer auftreten sehen, bestimmt im unwahrscheinlichen Falle

---

*) Es mag vielleicht auffallen, daß in dieser Studie schon mehrfach ein scheinbar doch so unnützer Accent auf bestimmte „Ausdrücke" gelegt wurde, die im Grunde doch gleichgültig seien. Wir sind — wie bereits oben einmal erwähnt, nicht dieser Ansicht, sondern meinen, daß die Unklarheit der Ausdrücke gar häufig die Hauptschuld trägt, an der Unklarheit — der Geister.

eines feindlichen Durchbruchs oder im zufälligen einer sonst entstehenden Lücke einzugreifen. Hinter Truppen der reinen Abwehr gestaltet sich dies Verhältniß anders.

Freilich die zufälligen Lücken werden, da Alles steht, sich selten zeigen, dagegen aber ist es die recht ernstliche und mit aller Macht erstrebte Absicht des Gegners gewaltsame Lücken zu stoßen und gegen dieselben die ganze Wucht seiner Stoßkraft geltend zu machen. Was dort nur unwahrscheinlich, nur durch eigene Fehler provozirt erscheinen konnte, wird hier die mit allen gegnerischen Mitteln erstrebte Absicht, **die Regel!**

Schon dieser Umstand macht in der Abwehr selbst bei verhältnißmäßig noch **geringer Frontbreite** das Vorhandensein eines zweiten Treffens ungemein wichtig, in demselben Maaße aber wie die Frontentwicklung wächst, nimmt auch mit der — Dank der offensiven Initiative — wachsenden Unsicherheit über den möglichen Einbruchspunkt, die Bedeutung des zweiten Treffens räumlich zu. Seine **rascheste** Unterstützung wird um so nothwendiger, je mehr für die reine Abwehr mit dem Verlust der Stellung: Alles verloren ist. Dem Angriff, dem die Vertheidigung durch einen offensiven Vorstoß entgegentritt, ist die Stelle, wo ein solcher auf ihn trifft ziemlich gleichgültig, **seine Gegenwehr hängt in diesem Moment nicht von dem Flecke ab**, auf welchem er sich befindet. Anders die Abwehr, deren Stellung die Basis ihrer ganzen Berechtigung bildet. Kommt **hier** das zweite Treffen in die Lage das erste **aufnehmen zu müssen**, so ist eigentlich für die Defensiv-Offensive — im großen Ganzen und wahrscheinlich definitiv — das Spiel schon verloren.

So geartet sind die Gründe, welche bei einer **Abwehrstellung** von gewisser Breitenausdehnung die Nothwendigkeit eines zweiten Treffens in den Vordergrund treten lassen. Wie Alles bei der Abwehr, hängt Stärke, Abstand, Führung eines solchen zweiten Treffens hier lediglich vom Terrain ab. Jemehr dasselbe das erste Treffen unterstützt, desto schwächer wird ja naturgemäß das zweite sein können; trotzdem wird man es hier als Regel aufstellen können, daß schon bei einer Defensivstellung nur **eines** Regiments ein zweites Treffen nothwendig wird, mag dasselbe im offenen Terrain, mag es um Oertlichkeiten kämpfen.

Dieses zweite Treffen kann je nach Umständen mit der Haupttruppe zu einer „inneren Reserve" zusammenschmelzen, resp. dieselbe dadurch für die erste Linie frei machen oder selbstständig als „äußere Reserve" auftreten. —

Es wird nicht nöthig sein, nachdem, was einmal schon beim Angriff über die Treffen gesagt und was andererseits über das Auftreten der Reserven beigebracht ist, noch speziell auf die Art der Thätigkeit des zweiten Treffens, sein von den Umständen abhängendes Offensiv- oder Defensiv-Verfahren einzugehen.

Was etwa ja noch zu erwähnen wäre, wird bei Gelegenheit des zweiten Stadiums der Defensiv-Offensive zur Sprache kommen.

Dem Grundsatz getreu, daß auch die reinste Abwehr nie ohne Beimischung offensiver Elemente bleiben darf, wird, je größer die Verhältnisse der reinen Abwehr werden, desto mehr auch die Wirksamkeit ihrer zweiten, ja eventuell dritten Treffen — wenn auch local begrenzt und darum nicht entscheidend — der ganzen Art nach sich dem Verfahren des entscheidenden Gegenstoßes nähern, sich jenes zum Muster nehmen müssen.

Haben wir nun so die Kraftvertheilung im Stadium der reinen Abwehr beleuchtet, so bleibt nur übrig, in kurzen Worten des Verlaufes zu gedenken, den das Ringen der aufeinanderstoßenden Kräfte unter den hier und bei der Offensive gefundenen Formen wird nehmen müssen.

Wir werden hier zuerst von der bis jetzt noch gar nicht erwähnten Defensivartillerie sprechen müssen, ohne deren Unterstützung wir uns heutigen Tages ja auch keine Abwehr in größeren Dimensionen denken können.

Wir gehen von der Voraussetzung aus, daß die Defensivbatterien auf möglichst günstigen Punkten placirt, möglichst im Terrain gedeckt 2c. im Allgemeinen auf der Höhe der Reserven der Abwehr, d. h. c. 400 Schritt hinter der vordersten Schützenlinie stehen werden.

So gewiß es für den Angriff eine unbequeme Sache ist, sich auf weite Entfernungen vom Feinde schon entwickeln zu müssen, und so gewiß es deshalb das Streben der Defensive sein muß, die Offensive dazu zu nöthigen, es bleibt doch die Frage, ob diese Aufgabe grundsätzlich den Defensivbatterien gestellt werden soll. Für sie ist es am Ende wesentlicher, den Angreifer auf wirksame Entfernung zu fassen und zu diesem Zwecke ihren Standpunkt nicht zu früh zu verrathen. Es erscheint wohl vortheilhafter, diese Aufgabe der Einleitungstruppe der Defensiv-Offensive mit Cavallerie und einigen leichten Batterien zu überlassen; wie es ja umgekehrt die Aufgabe der Einleitungstruppe des Angriffs ist, dieselbe vor jener unnöthig frühen oder falschen Entwickelung zu bewahren.

Die in Stellung befindlichen Batterien werden, von gegnerischen Ungeschicklichkeiten abstrahirt, welche die gewöhnlichen Maaße sehr vergrößern können, ihr Feuer erst auf wirklich Erfolg versprechende nähere Entfernung beginnen dürfen und dabei sich grundsätzlich die Angriffsinfanterie zum Ziel wählen, wenn es auch wohl für sie nicht zu vermeiden sein wird, mindestens die günstigen Momente, wo die vorausgesetzter Maaßen überlegene feindliche Artillerie auffährt, gegen diese auszunutzen.

Von dem Zeitpunkte an aber, wo die Angriffsinfanterie selbst in Feuerthätigkeit tritt, bis zum letzten äußersten Moment, darf die Defensivartillerie von ihr nicht mehr ablassen. Die Angriffsartillerie wird solchem Verfahren gegenüber nicht umhin können, näher heranzugehen und ihre Bekämpfung muß dann von der möglichen Grenze an der Defensivinfanterie überlassen werden.

Wir haben oben von der Anforderung an eine gute Stellung gesagt, daß sie von der äußersten Grenze der Wirksamkeit des Gewehrs an ein freies Schußfeld bieten solle. Es konnte damit nicht gemeint sein, daß diese Wirksamkeit nun auch von der Masse der Vertheidiger von Anfang an ausgebeutet werden solle. Nichts desto weniger, wie wir beim Angriff auf die Nützlichkeit und Nothwendigkeit auch eines ziellosen Feuers im letzten Moment gekommen sind, werden wir hier genöthigt sein, auf ein Zufalls-Feuer der Abwehr zurückzugreifen. Der Vortheil einer die Sehkraft der meisten Schützen übertreffenden Tragweite der neuen Gewehre kann und darf auch bei allem Werthe, welchen wir sehr entschieden dem Massenfeuer auf wirksamste und nur auf wirksamste Entfernung beimessen, für die reine Abwehr nicht mehr außer Acht gelassen werden. Der moralische Eindruck, welchen das Pfeifen feindlicher Infanteriekugeln aus Postirungen, von denen man noch gar nichts sehen kann, auf den Angreifer macht, ist — wir haben beim Angriff davon gesprochen — nicht zu unterschätzen und jeder auch der geringste Abbruch an moralischer Kraft, welche die Vertheidigung dem Angriff zufügen kann, ist für sie von hohem Werthe. Aber freilich das Mittel bleibt (und wurde) ein gefährliches, in's Gegentheil umschlagendes, wenn es in zu großen Dosen verabfolgt wird. Solche nicht gezielten Schüsse können ja natürlich nur reine Zufallstreffer geben, welche durchaus nicht mit der Masse der verschossenen Patronen im Verhältniß zu stehen brauchen. Merkt aber die Angriffstruppe erst, daß von der Menge der pfeifenden Kugeln nicht nur „manniche" sondern bei Weitem die meisten „mannichem vorbeigehen", so encouragirt dergleichen mehr als es deprimirt. Immerhin haben wir auf Grund von Erfahrungen bei der Angriffsformation mit diesen Zufallskugeln gerechnet und es wird aus diesem Grunde sich empfehlen, das Mittel nicht von der Hand zu weisen. Wenn von den Flügeln einer Stellung, oder von vor der Front vorgeschobenen ganz kleinen Abtheilungen in der Richtung des natürlich im Allgemeinen constatirten Anmarsches des Feindes (auf 1800—1500 Schritt z. B.) ein ruhiges consequentes Feuer, von Offizieren streng geregelt, unterhalten wird, so muß dasselbe mindestens auf die Formation des Angriffes eine gewisse Wirkung üben. Und wie gesagt die reine Abwehr hat allen Grund, auch mit den kleinsten Mitteln zu rechnen.

Ganz im schroffsten Gegensatz zu diesem Verfahren steht dann die Ausnutzung des wirklichen Massen- endlich des Massenschnell-Feuers der Abwehr.

Von der eigentlichen Schützenlinie der Abwehr darf das Feuer erst auf wirksamste Entfernungen (je nach dem Ziel) beginnen. Dasselbe wird einer gewissen Lebhaftigkeit nicht entbehren können, ohne zum Schnellfeuer auszuarten; jedoch wird auch dieses Mittel nicht verschmäht werden dürfen, wo es gilt die feindliche Vortruppe für ihre Schnellfeuer-Etablirung so weit als möglich von der eigentlichen Position abzuhalten. Ein Erfolg der Abwehr grade in diesem Momente macht notorisch den Angriff am häufigsten scheitern.

Die ganze volle durch Soutiens, oft auch Reserven, ja zweiten Treffen auf's höchste zu steigernde Feuerwirkung aber hat die Defensive von dem Augenblick an zu entwickeln, wo, wie oben beschrieben, der Feind zum Sturm geht — freilich für sie auch der schwierigste Moment!

Der Moment aber auch, wo die Ueberzeugung mit allen Mitteln der Erziehung und des momentanen Impulses wach gerufen sein muß, daß jetzt das Zurückgehen sicherer Verderb, daß jetzt in letzter Instanz an das Bajonet appellirt werden **muß**!

So resümirt sich denn das über die reine Abwehr Gesagte dahin:

1) Die reine Abwehr — um möglichst Kräfte zu sparen für den entscheidenden Offensivgegenstoß — muß mit einem Minimum an Kraft der doppelten Aufgabe genügen, den Feind zu erschüttern und sich in ihrer Stellung zu behaupten.

2) Wenn für diese Aufgabe auch die Wahl der Stellung einen entscheidenden Einfluß ausübt, so kann doch auch durch die Art der Besetzung wesentlich auf dieses Ziel hingewirkt werden.

Die Truppen der reinen Abwehr sind an den vorher als solche bezeichneten und erkannten Stützpunkten der Stellung concentrirt unter einheitlicher Führung zu verwenden, während das dazwischen liegende Terrain womöglich nur zu beobachten ist.

3) Die Verwendung der Truppen an einem bestimmten Stützpunkt erfolgt im Prinzipe linear d. h. so, daß in die erste Linie soviel Feuerkraft als nur irgend möglich gebracht wird.

Eine Schützenlinie von einem Mann auf den Schritt wird dieser Anforderung am besten entsprechen und eine möglichst nahe Soutienlinie von halber Stärke wird ausreichen, da beide ja als im Terrain gedeckt vorausgesetzt werden müssen.

Diesen gemeinsam die erste Linie der Abwehr bildenden Truppen, welche ihrerseits jedenfalls unter einheitlichem Befehl stehen müssen, liegt die Aufgabe ob, den Angreifer zu erschüttern.

4) Um auch unter allen Umständen die einmal eingenommene Stellung behaupten zu können, bedarf die erste Linie einer Reserve (Haupttruppe), je nach Umständen von derselben bis herunter zu $1/3$—$1/4$ ihrer eigenen Stärke: entweder als passive Reduitbesetzung, oder als active Unterstützung thätig, je nachdem also auch unter einheitlichem oder getheiltem Kommando, wohl niemals aber über 3—400 Schritt rückwärts.

5) Bleibt in der Tiefenrichtung die einheitliche Führung wünschenswerth, so lange die Reserve aus der ersten Linie sichtbar ist, so wird in der Breitenrichtung die Einheitlichkeit des Befehls

von der Einheitlichkeit der zu lösenden Aufgabe d. h. meistens vom Terrain abhängen.

Wo es sich um Zugänge zur Stellung handelt, sind jedenfalls diese einer selbstständigen Truppe zur Abwehr zu überweisen und nicht als Grenze zwischen Abschnitten zu wählen.

Das in selbstständige Kompagniecolonnen zerlegte Bataillon wird meistentheils für die Abwehr die vortheilhafteste Verwendung finden, sei es, daß es ganz in der Breiten-, sei es, daß es mehr oder weniger in der Tiefenrichtung als Ganzes auftritt.

6) Der Werth und die Nothwendigkeit eines zweiten Treffens tritt für die reine Abwehr bei weitem mehr in den Vordergrund als beim Angriff. Seine Stärke, Aufstellung und Führung hängen aber lediglich vom Terrain ab. Es wird darnach entweder als innere oder äußere Reserve auftreten, für welch' letztere Aufgabe bei größeren Verhältnissen oft ein drittes Treffen nöthig sein wird, dessen Thätigkeit sich, je größer die Dimensionen werden, desto mehr — lediglich fast, nach den Prinzipien des offensiven Gegenstoßes regelt, auch wo es noch nicht die Entscheidung an sich sucht.

Ueberhaupt wird die reine Abwehr bis in die kleinsten Verhältnisse der Beimischung offensiver Elemente niemals ganz entrathen dürfen.

7) Grundsatz der reinen Abwehr muß es sein, den Angreifer nur und erst auf wirksamste Feuerentfernung zu bekämpfen.

Trotzdem wird es nothwendig, die äußerste Tragweite des Gewehres auch durch das Feuer in der allgemein bekannten Annäherungsrichtung des Feindes, durch einzelne kleine Abtheilungen unter Aufsicht der Offiziere, auszubeuten.

Die erste Linie wird durch lebhaftes, ev. Schnellfeuer die feindlichen Schützen in ihrer letzten Etablirung vor dem Sturm möglichst weit abzuhalten suchen, weil mit der Verhinderung dieser Festsetzung der Abwehr am erfolgreichsten gedient ist.

Die ganze volle irgend verwendbare Feuerkraft ist aufzubieten von 4—300 Schritt an gegen den wirklichen Sturm.

Die Abwehr muß sich bewußt sein, daß es trotzdem zum Appell ans Bajonet kommen kann und daß das weniger gefährlich für sie ist, als das Weichen!

8) Der ganzen Natur ihrer Aufgabe nach, kann auch der Kampf

der Abwehr nur in der Einzelordnung durchgefochten werden, welche gleich von Hause aus anzunehmen Soutiens und Reserve leicht gezwungen werden können.

Trotzdem muß auch in dieser Ordnung die Möglichkeit des Massenfeuers stets gewahrt bleiben, welches freilich kaum noch in der Form der Salve möglich sein wird!

Die Eindoublirung wird auch hier meist die einzig mögliche Form der Verstärkung sein, wenn auch die ersten Stadien des Kampfes die bessere die immer zu erstrebende, Ausnahme gestatten werden. —

II. Das Stadium des Gegenstoßes.

Der Gegenstoß der Defensiv-Offensive ist ihr entscheidender Offensivact!

Nicht über Stärkeverhältnisse, Formen, Prinzipien der Durchführung daher ist es hier nöthig zu reden, das Alles ist im Kapitel von der Offensive erledigt.

Hier bleibt nur eins, aber freilich für diesen Gegenstoß das wesentlichste, der Moment wo er zu führen, zu beleuchten!

Es ist oben beim Angriff als eine Grundbedingung für sein Reüssiren hingestellt, daß der Stoß der Massen sich unmittelbar an den Moment der Vorbereitung anschließen müsse. Von dieser Grundbedingung kann auch der Gegenstoß der Defensiv-Offensive nicht dispensirt werden, wenn für ihn das Stadium der Abwehr eine wirkliche Vorbereitung sein soll.

Von dem richtig abgepaßten Moment hängt der Erfolg im Ganzen ab. Beim Angriff der eben einfach in derselben Kampfform verharrt, ergibt sich das von selbst, bei der Defensiv-Offensive, welche mit andern, dem Kampf bis jetzt fern stehenden — freilich dafür desto frischeren — Truppen den Stoß führen will, muß das für den Angriff so entscheidende: jetzt und dort! unter den schwierigsten Verhältnissen aufs rascheste gefunden und benutzt werden.

Es wird sich darum handeln, erst die günstigsten Momente zu constatiren, dann die darnach beste Aufstellung der dafür bestimmten Truppen zu untersuchen.

Der schwächste Moment für die Anwendung seiner Wider=

standskraft ist unbedingt beim Angriff derjenige, in welchem er alles einsetzt für seine Stoßkraft.

Es folgt daraus naturgemäß: der günstigste Moment für den Gegenstoß ist derjenige, in welchem der Angriff zum Sturm schreitet.

Wenn die Abwehr ihre Schuldigkeit gethan, so ist die Angriffstruppe ihrerseits in diesem Augenblick, ungedeckt und massenhaft vorgehend, in ihrer Widerstandskraft so erschüttert, wie sie selbst es nur je bei der ihr gegenüberstehenden gedeckten Defensivtruppe wird erwarten können! Freilich ist — und das hängt mit dem menschlichen Herzen mehr zusammen, als mit taktischen Regeln — ihre Stoßkraft in solchem Moment aufs höchste gesteigert, aber diese Kraft, diese Energie macht sich nur in der einen Richtung: vorwärts! geltend.

Ein Gegenstoß in diesem Moment in die Flanke hat große, sehr große Aussicht des Erfolges. Alles was beim Angriff und seiner Treffenformation gesagt ist, hat damit gerechnet.

Dem Angriff im Moment seines Sturmes in die Flanke gehen! Das muß also die eigentlichste, weil bei Weitem erfolgreichste Tendenz des Gegenstoßes der Defensiv-Offensive sein!

Daß das nach Zeit und Raum und weil wie wir gesehn, der Angriff sich doch auch einigermaßen darauf vorbereitet hat, nicht ganz einfach ist, wird Niemand verkennen können.

Ehe wir darum dazu übergehen, die Mittel und Wege zu untersuchen, auf welcher die Defensiv-Offensive zu diesem Ziele gelangen kann, wird es praktisch sein, zu untersuchen, ob nicht noch andere Momente für sie günstig sind.

Betrachten wir zuerst die vorhergehenden Stadien des Angriffs.

In dichter, zusammenhängender Linie, von zweiten und dritten Treffen entsprechend nahe gefolgt, vorgehend, wird eine richtig geleitete Offensivtruppe wohl selten oder gar nicht der Vertheidigung die Chance eines günstigen Gegenstoßes bieten, ehe das Feuer der Stellung aus wirksamster Nähe sie erschüttert haben wird. Nur ein Fehler in der Anlage, eine durch die mangelhafte Ausbildung der Truppe in der Vorwärtsbewegung entstehende Lücke, kurz — wie

wir doch voraussetzen müssen — nur Zufallsgelegenheiten werden
es sein, welche die Vertheidigung veranlassen könnten dem Angreifer
ohne Ausbeutung des ihm bereiteten Feuerempfangs
ihrerseits entgegenzugehn. Selbst wenn es sich im Laufe des Ge-
fechtes zeigen sollte, daß diese Ausbeute nicht so bedeutend zu werden droht, wie man es vielleicht vorher erwartet hatte, als man
sich in der — dann eben nicht richtig und gut gewählten — Stellung aufstellte, bleibt es mehr als fraglich, ob jetzt noch ein Wechsel
des Entschlusses, ein Aufgeben der Defensive und ein Uebergang
zur Offensive günstigere Chancen bietet, als ein consequentes
Durchführen der ursprünglichen — wenn auch vielleicht nicht
grade absolut besten — Idee?

Consequente Durchführung des einmal beschlossenen bringt im
Kriege meist weiter, als plötzliches Abspringen zu etwas Anderem,
auch wenn man erkennen sollte, daß es vielleicht besser gewesen wäre,
das Andere von Hause aus zu beschließen!

Hat man also einmal das Gefecht in der defensiv-offensiven
Form angenommen, so führe man es durch, bis zu dem Moment,
wo der Gegenstoß mindestens die relativ meiste Aussicht bietet.

Anders steht es allerdings mit der Benutzung von offenbaren
Fehlern des Angriffs. Solche Gelegenheiten darf eine active
Vertheidigung sich nicht entgehen lassen, aber diese Art Gegenstöße
werden doch nur den Character von Ausfällen, nicht den des
wirklichen Umsatzes in die Entscheidungs-Offensive haben. Wenn
nicht die Unordnung, der Mangel an Energie und wie diese Fehler
sonst heißen mögen, beim Angriff unzweifelhaft sich documentirt
haben, wird es für die Defensiv-Offensive nie gerathen sein, direkt
aus der Stellung mit ihren für das Abwehrstadium bestimmten
Kräften offensiv vorzubrechen. Auch selbst zu den partiellen Ausfällen wird es darum nöthig sein, nicht die Besatzungstruppe
selbst, sondern nur ihre äußeren Reserven — namentlich ja wohl
Cavallerie — zu verwenden und so bald der kurze Stoß gelungen,
dieselben wieder zurückzurufen.

Dem Nachtheil, nicht einmal das wirksam vorbereitende Ab-
wehrfeuer, um dessentwillen man ja doch eigentlich defensiv aufge-
treten ist, abgewartet zu haben, wie das eben berührte Entgegen-
gehen thut, ist der Gegenstoß mindestens nicht unterworfen, wenn

er unmittelbar nach dem feindlichen Einbruch sich gegen den Angreifer wendet.

Es ist im vorigen Kapitel hervorgehoben, daß der eben siegreiche Angriff durchaus nicht in vortheilhafter Verfassung ist, um einem nun gegen ihn geführten Stoße seinerseits zu widerstehn, und dieser Umstand ist dort Veranlassung zu Anordnungen geworden, welche über diesen Moment hinweg helfen sollen. Da aber jedenfalls das rechtzeitige Eingreifen dieser Hülfen (drittes Treffen) seine Schwierigkeiten hat, ist der Moment für den Gegenstoß ein immer noch entschieden günstiger.

Ueberall da also, wo das Vorgehen mit frischen Kräften in die Flanke des grade zum Sturm schreitenden Gegners nicht möglich ist, wird dieser zweite Moment dafür benützt werden müssen.

In der alten Taktik bildet er eigentlich die Regel, weil meist das Fronthinderniß jene andere Möglichkeit ausschloß.

In der Praxis sehen wir daraus jene hin- und herwogenden Ortskämpfe erwachsen, durch welche sich die Napoleonschen Kriege auszeichneten und welche jetzt — wenn auch theilweise mit aus anderen Gründen — so sehr viel seltener geworden sind; und auch die Regel, im freien Terrain sich dem auf 30 Schritt herangekommenen Gegner entgegenzuwerfen, fußt auf dieser Theorie!

Immerhin bleibt nicht zu verkennen, daß jener frontale Gegenstoß der Entscheidung weniger vortheilhafte Chancen bietet, als der in die Flanke, daß dieser letztere den unbedingten Vorzug hat, auf eine besser vorgearbeitete Truppe zu stoßen, dann, da die Abwehr bis zum letzten Moment mitwirkt, mit stärkeren Kräften auftreten zu können, und endlich gleich von Anfang an die Unterstützungstruppen des Angriffs, welche selbst Gegenstand des Angriffs werden, in Mitleidenschaft zu ziehen, dem Gegner die freie Disposition über sie unmöglich zu machen! —

Also die Momente, resp. der Moment, wären constatirt, jetzt gilt es sie zu benutzen!

Diese nach unserer Ansicht schwerste Aufgabe in der schweren Kunst der Führung gipfelt in der Frage: wo sind im Verhältniß zur Stellung die für den Gegenstoß bestimmten Truppen aufzustellen?

Mit der unbezweifelt sehr richtigen Antwort verdeckt da, wo sie voraussichtlich zu Verwendung kommen sollen, und so nahe, daß sie rechtzeitig eingreifen können, mit welcher in den Lehr- und Streitschriften dies Thema so häufig absolvirt wird, ist eben leider gar wenig gesagt.

Es gibt gewiß in jeder kriegerischen Handlung von der kleinsten bis zu der größten, eine Menge von Dingen, welche dem Urtheil, dem Scharfblick, dem Genie des Führers überlassen werden müssen, schwerlich aber wird sich ein Punkt finden, über welchen die Theorie so wenig Anleitung zu geben vermöchte, als über diese hier vorliegende Frage. Wir erheben nicht den Anspruch, diesem Mangel abhelfen zu können.

Was wir oben über den günstigsten Moment für den Gegenstoß gesagt, wird es erklären, daß wir prinzipiell die Aufstellung **hinter dem Flügel** der Stellung als die wünschenswertheste bezeichnen müssen, zumal dieselbe damit gleichzeitig am besten der etwaigen **Umgehung** oder dem **Flankenangriff** entgegentritt. Aber auch von der Mitte zwischen zwei Stützpunkten aus, kann ja unter gewissen Verhältnissen der Gegenstoß ebensogut auf die **Flanke** des Angriffs fallen. Dieses Ziel ist es, welches möglichst erstrebt werden muß. Damit aber ist auch wohl soziemlich erschöpft, was wir darüber beibringen könnten, ob hinter einem, oder beiden Flügeln, ob ev. auch hinter der Mitte, vielleicht mindestens anfangs hinter der Mitte, wie nahe u. s. w. das Alles, wir haben auch keine andere Antwort — **hängt von den Umständen ab!***)

Weil dem aber nun so war und so ist und weil wohl eingeräumt werden muß, daß das Genie, welches „nach Umständen verfahrend," grade das beste trifft, doch immer etwas seltenes ist, darum haben wir oben gesagt: der Wechsel in der Form macht die Defensiv-Offensive so außerordentlich schwierig, muß sie und schon um deßwillen, weil Alles bei ihr so sehr „von den Umständen" abhängt, als prinzipiell zu empfehlende Form verwerfen lassen.

Wir wollen nicht läugnen und verkennen, daß in der Theorie die Defensiv-Offensive als taktische Form gar manniches Bestechende vor der reinen Offensive voraus hat — ihre Praxis aber ist an soviel Wenn und Aber gebunden, daß dafür kaum noch viel Verführerisches übrig bleibt.

---

*) Diese Umstände selbst aber hängen meist wieder von der uns hier nicht beschäftigenden Wahl der Stellung und ihrem „Offensivfelde" ab.

Es ist wohl nicht zu viel gesagt, daß allein das vollendetste Feldherrnauge und die manövrirfähigste Truppe dieser Reibung gewachsen erscheinen. Selbst ein Napoleon hat nur einmal bei Austerlitz diesen Wechsel in der Form realisirt; die Zahl der Beispiele aber, wo selbst die sogenannte siegreiche Defensiv-Armee doch mit dem zweiten Theil ihrer Aufgabe in den Schwierigkeiten stecken, die Schlacht dadurch also eigentlich nur eine „unentschiedene" geblieben ist, rechnet fast nach der Zahl dieser Defensivschlachten überhaupt.

An alledem ändert auch der Umstand nichts, daß unsere heutigen Schlachten und Kämpfe, mit Waffen und mit Massen geschlagen, wie sie seit Erfindung des Schießpulvers unerhört gewesen, häufiger als früher, nur zu einem relativ entscheidungslosen Messen der Kräfte, seltener als früher, zu einem den Gegner wirklich vernichtenden Siege führen werden, weil Tag und Kräfte zur Neige gegangen, ehe der Entscheidungsmoment genügend vorbereitet werden konnte, und weil die beiderseitige Ermattung es nicht gestattet, andern Tages gleich wieder anzufangen. Auch solche, heute vielleicht noch häufiger als früher wiederkehrenden Fälle, wo Massen genöthigt sein werden, sich rein defensiv — ohne Hoffnung auf wirklichen Sieg — zu schlagen, lediglich in der Absicht, sich da, wo sie einmal stehen, zu behaupten (Deckungsschlachten könnte man es nennen z. B. gegen Ausfälle oder Entsatz ıc.), werden an diesen Grundsätzen nichts alteriren.

Das Streben muß doch immer nach Entscheidung gehen und dazu die Wege zu weisen, bleibt die einzige unwandelbare Aufgabe der Theorie.

Wenn aber daraus folgernd, behauptet werden wird, daß künftig also die Rencontreschlacht das Prototyp aller Kämpfe sein werde, so ist das in gewissem Maaße*) zuzugeben. Rencontreschlacht — und Festungskrieg (Lagerkampf) das waren auch die einzigen Kampfformen, ehe das Pulver so einseitig defensiv einflußreich ward, wie es das heute nicht mehr ist.

Wenn aber im Allgemeinen jeder Kampf doch immer darnach streben soll, Sieg zu bringen, so leuchtet es ein, wie hochwichtig

---

*) Gründe für die defensive Form sind ja oben gegeben, und was dort über Konsequenz gesagt, bleibt auch nicht ohne abschwächenden Einfluß.

es werden wird: dem Gegner möglichst die Initiative zum Angriff zu entreißen! so hat uns denn das Studium der Defensiv-Offensive schließlich wieder zur reinsten Offensive zurückgeführt!

Was aber an Grundsätzen aus der Betrachtung des zweiten Stadiums der Defensiv-Offensive sich ergiebt, ist etwa das:

1) Die Defensiv-Offensive hat ihre Kräfte für die beiden Stadien der Abwehr und des Gegenstoßes streng zu sondern; für erstere in günstiger Stellung, möglichst nur ein Minimum zu bestimmen.

2) Ihre starke Haupttruppe ist bestimmt den Gegenstoß zu führen; am besten gegen die Flanke des grade zum Sturme schreitenden Angreifers; sonst mindestens so rasch als möglich nach des Gegners wirklich erfolgten Einbruch in die Stellung; nur ausnahmsweise, wenn der Angreifer grobe Fehler macht, oder sich zaghaft zeigt, mag der Gegenstoß erfolgen, ehe die Abwehr ihre volle Feuerwirkung ausgenutzt hat.

3) Der Gegenstoß als Offensivakt regelt sich in Form und Durchführung lediglich nach den für den Angriff maaßgebenden Grundsätzen: rasch, concentrirt, energisch!

4) Die Aufstellung der für den Gegenstoß bestimmten Masse wird eine der schwierigsten, aber auch wichtigsten Aufgaben der Führung sein. Ganz und gar nach Ort und Zeit abhängig von den Umständen, wird für die Entscheidung Alles davon abhängen, daß der Gegenstoß rechtzeitig erfolgen könne. Das ist der Maaßstab für die Aufstellung, wie für die immer nothwendig werdenden weiteren Anordnungen (Befehle) an die Truppe.

Das Prinzip, jedenfalls verdeckt, womöglich hinter einem Flügel der Stellung, ist Alles, was sich hier angeben läßt.

5) Die gradezu entscheidende Bedeutung, welche für die Defensiv-Offensive das Ineinandergreifen und Passen von Abwehr und Gegenstoß hat, macht diese Kampfform nur bei sicherster Führung, und nur mit manövrirfähigsten Truppen empfehlenswerth.

III. Einige reglementarische Anmerkungen.

Alles was seither über die Abwehr gesagt, hat nichts an dem im Kapitel über die Offensive aufgestellten Satze, daß die Einzelordnung die faktisch einzige Kampfformation der Infanterie geworden ist, alterirt. Auch hier begegnet uns, ja hier vielleicht noch allgemeiner als unabweisbar anerkannt, die Schützenlinie, der Schützenschwarm! und mehr noch als beim Angriff tritt bei der Abwehr die Kompagniekolonne als eigentliche Grundlage der Schützenordnung in den Vordergrund. Was beim Angriff noch nicht überall zuzugeben war, kann hier fast ausnahmslos eingeräumt werden, daß die Kompagnie die taktische Einheit der Abwehr ist.

Alles, was also am Schlusse des zweiten Kapitels aus diesen Verhältnissen für die reglementarischen Formen gefolgert worden ist, kann hier einfach wiederholt werden; dreigliedrige Stellung, daraus einfach resultirende Viertheilung der Kompagnie würden im Gegentheil in den Bedürfnissen der Abwehr neue Nahrung finden.

Es wäre kaum nöthig, hier noch einmal auf das Reglement zurückzukommen, wenn es nicht angezeigt schiene, bei der so wesentlich auf der Feuerwirkung basirenden Abwehr mit einigen Worten einer Form der Feuerabgabe, der Salve zu gedenken, welche mit Vorliebe für die Vertheidigung empfohlen wird.

Die außerordentliche, namentlich moralische Wirkung, welche ein plötzliches gleichzeitiges Schleudern einer Masse von Kugeln auf den Feind unter bestimmten Verhältnissen auszuüben im Stande ist, wird von uns, die wir ja mehrfach selbst mit der nicht gezielten Zufallswirkung gerechnet haben, durchaus nicht unterschätzt. Im Gegentheil: und grabe deßhalb wünschen wir für dieses so drastische Mittel eine reglementarische Form, welche weniger als die seither dafür allein vorgesehene Massenordnung, den grabe in jenen „bestimmten" Momenten auch voraussichtlich so großen Verlusten, ausgesetzt ist. Das Auftreten und das Kommandiren geschlossener Linien in den Momenten, wo wir die „Salve" brauchen, wird künftighin fast ausnahmslos unmöglich werden und ist es — nur ganz kleine Abtheilungen, unter besonders günstigen Verhältnissen ausgenommen — schon jetzt gewesen.

Als Uebung mag, muß man wohl sogar die seitherige Form immerhin beibehalten, im Gefecht anwendbar aber wird die „Salve" nur, wenn sie aus der Einzelordnung auf Signal abgegeben werden kann. Ein schriller Pfiff des leitenden Offiziers der Schützenlinie, des Schützenschwarms, Haufens, Knäuels gibt soweit

7*

er hörbar ist, das Zeichen zum „Fertig" resp. zum momentanen Abbrechen auch selbst des Schnellfeuers, ein zweiter das Signal zum „Feuer", an welchem gleichzeitig sich jeder betheiligt, der (ohne Schädigung des Nachbarn — darum Friedensübung!) überhaupt feuern kann!

Auch das ist im Grunde nichts Neues, aber es ist nützlich, wenn es reglementarisch wird.

Es würde schließlich in dieses Abwehr-Gebiet des Reglements auch wohl die Frage nach dem Carré gehören. Nach allem, was wir seither über die Kampfform der Infanterie gesagt, wird es wohl unzweifelhaft sein, daß wir dasselbe, so lange feindliche Infanterie und Artillerie in wirksamer Nähe sind, einfach für unmöglich halten. Der Knäuel wird ein wohl nicht immer zu vermeidendes Hülfs= mittel kleinerer Abtheilungen sein, das Bataillonscarré aber kann seine Anwendung nur noch finden, wo feindliche Kavalleriemassen ohne Hülfe der andern Waffen auftreten; wohl aber immer ein seltener — wenn auch nicht unmöglicher — Fall.

Noch eine Bemerkung sei hier gestattet, obgleich sie nicht eigent= lich ins Infanteriereglement schlägt. Wir haben bei Offensive und Defensiv=Offensive weit weniger, als dies früher, namentlich in der ersten Zeit der Hinterlader nothwendig erschien, Werth auf die Ver= meidung der sogenannten Munitionsverschwendung gelegt.

In der That ist es einer der wesentlichsten Vorzüge des Hinter= laders, daß er viel Munition verschießen kann und die Kriegserfah= rung hat uns gelehrt, daß sehr im Gegensatz zu früher, man heute ge= nöthigt ist auch mit Zufallstreffern und nicht gezielten Schüssen zu rechnen.

Das Gewehr kann es leisten, die oft recht einflußreichen Resul= tate sind constatirt — jetzt gilt es nochdie Munition dafür zu schaffen.

Ein gesicherter, voll reichlicher Munitionsersatz wird für die Infanterie heute ein Lebensbedürfniß, dem genügt, entsprochen werden muß.

Wie gehört hier nicht her, nur auf die Nothwendigkeit auf= merksam zu machen, wollten wir auch in diesen reglementarischen Bemerkungen nicht unterlassen.

Der Umstand, daß ja bei der Artillerie die Relation zwischen Geschütz und Munitionswagen zum „Reglement" gehört, wird auch hier diese Bemerkung nicht deplacirt erscheinen lassen.

Viertes Kapitel.

Das hinhaltende Gefecht (die Demonstrative).

Der in dem ersten Kapitel dieser Studie hervorgehobene Unterschied zwischen entscheidungsuchendem und nicht entscheidungsuchendem Gefecht und die daraus gefolgerte Nothwendigkeit verschiedenen Verfahrens für beide, wird durch die vorhergegangenen zwei Kapitel über die entscheidenden Hauptformen eine genügende Illustration erhalten haben, um hier einer weiteren Begründung entbehren zu können.

In der That sind wohl kaum schroffere Gegensätze zu denken, als jene auf äußerster Energie oder hartnäckigster Zähigkeit fußenden Bestrebungen den Gegner zu vernichten und diesen hier gemeinten Zielen, einen bestimmten Terrain-Punkt oder eine gewisse Zeit — womöglich ja sogar ohne Kampf zu gewinnen oder zu behalten.

Bereits bei Offensive und Defensiv-Offensive ist auf die Nothwendigkeit ihrer „Einleitung" hingewiesen, um richtige Entschlüsse fassen zu können; in der Zeit, der Einleitung vorausgehend werden „Recognoscirungen" nothwendig sein, welche ihrerseits meist auf die feindlichen „Vorposten" stoßen werden. Wer der Entscheidung ausweichen, nach unglücklich gefallener sich ihren Consequenzen möglichst entziehen will, wird das nur mit Hülfe einer „Arrièregarde" vermögen u. s. w.

Alle diese: Einleitungs-, Recognoscirungs-, Vorposten-, Arrièregarden - Abtheilungen, dazu alle in das Gebiet des sogenannten „kleinen Krieges" schlagenden Detachements stimmen darin überein: daß sie es — mindestens die eine Partei immer — nicht auf eine Entscheidung — auf das Vernichten oder Vernichtetwerden — ankommen lassen wollen, können, dürfen!

Nichtsdestoweniger, da eben im Kriege meist dasjenige, was der eine nicht will, Grund genug für den andern ist, es zu wollen, werden in den seltensten Fällen diese Aufgaben ohne Anwendung von Waffengewalt gelöst werden können. Im Hintergrunde jeder Kampfesthätigkeit aber steht immer und immer wieder: die Entscheidung!

Es muß zugestanden werden, daß dies Dilemma andere An=forderungen an die Truppenverwendung wird machen müssen, als der klare und präzise Appell an das entweder — oder!

Wenn wir das Charakteristische, das allen diesen eigentlich von der einen Seite immer gern vermiedenen Gefechten, Gemeinsame heraussuchen, womit sie nach Theorie und Praxis ihre so schwierige Aufgabe zu lösen bemüht sind, so werden wir finden, daß sie alle **genöthigt sind, stets den Anschein der einen oder andern Hauptform anzunehmen**, um so, indem sie damit drohen, den Gegner täuschen, irreführen, zu falschen Schritten verleiten zu können.

Eine einleitende Avantgarde des Angriffs, welche die **Details der feindlichen Stellung ermitteln muß**, um darnach die **Haupt=angriffsrichtung feststellen zu können**, wird da und dort Miene machen müssen, entscheidender Angriff zu sein, um den Gegner zu verleiten, sich frühzeitig zu bemaskiren.

Die Vorposten oder die auf ihre Hauptstellung weichenden Avantgarden der Defensive werden sich hier und dort den Anschein geben müssen, entscheidenden Widerstand leisten zu wollen, um den Angreifer womöglich zu verfrühtem Aufmarsch zu bestimmen, und ihn in die von ihnen gewünschten Richtungen nach sich ziehen zu können.

Recognoscirungen werden oft durch einen **falschen Angriff** die Aufmerksamkeit von demjenigen Punkte abziehen, der ihnen der eigentlich wichtige ist.

Daß Arrièregarden nicht immer die **imponirende Haltung** werden bewahren können, welche sie sich zu geben genöthigt sind, um den Feind zu Umgehungen und anderm Aufenthalt zu nöthigen, macht ihre Führung so schwer u. s. w.

Kurz überall werden wir diese Art von Gefechten darauf hingewiesen sehn: etwas anderes zu scheinen, als sie sind, etwas anderes glauben zu machen, als sie wollen!

Schein, Täuschung, Verführung, Demonstration, das sind die Lebenselemente dieser Kampfweise, welcher man vielleicht bezeichnender, als der Ausdruck „hinhaltendes Gefecht" es ausdrückt, den Sammelnamen „die Demonstrative" geben könnte.

Weil aber nun Stoßkraft und Widerstandskraft die beiden einzigen Saiten des Instruments (der Truppe) und daraus folgend Offensive und Defensive die beiden einzigen Töne seines Spiels (der Taktik) sind, so wird auch der Demonstrative nichts anderes übrig bleiben, als diese Töne im glücklichen Wechselklang auszunützen.

Haben wir die Offensive nicht ohne Defensiv- und die Defensive nicht ohne Offensiv-Beimischungen gesehen, so wird es jetzt die Aufgabe der Demonstrative sein, bald in offensiver, bald in defensiver Art die zweckentsprechendste Vermischung beider Urformen zur Geltung zu bringen, das aber heißt nichts anderes, als gewandt zu manövriren!

Um dieser Anforderung entsprechen zu können, ist es nothwendig, daß die Kampfform einen durchaus flüssigen, beweglichen Charakter besitze, der sich leicht und ohne Reibung jeder Eventualität anschmiegt, sie ausbeutet oder ihr ausweicht.

Den eisenharten Kampfformen um's Sein oder Nichtsein tritt die wachsweiche Schmiegsamkeit des Scheins mit wahrlich ganz anderen Anforderungen gegenüber.

Beweglichkeit der Truppe; Selbstständigkeit und Selbstthätigkeit der Führung bis in die untersten Glieder hinunter werden allein im Stande sein, dem zu genügen.

Wenn auch hier, wo wir ja im Wesentlichen nur von der Infanterie reden wollen, die andern Waffen uns nicht berühren, so erscheint es doch am Platze darauf hinzuweisen, daß alle diese Aufgaben so recht eigentlich in das Gebiet der gut bewaffneten Cavallerie und reitenden Artillerie fallen, deren hervorragende Rolle als Avantgarden- und Arrièregardentruppe die neuesten Kriege wieder so sehr in den Vordergrund haben treten lassen. Mögen sie sich darum auch ferner nicht an das Wort stoßen, die Sache selbst ist von der allerhöchsten Wichtigkeit und ihre Ausführung bietet dem Genie, der kriegerischen Begabung, der persönlichen Leistungsfähigkeit die glänzendsten Gelegenheiten!*)

Doch zurück zur Infanterie!

Die beiden oben aufgestellten Grundanforderungen an die Form lassen keinen Zweifel, daß die Infanterie derselben **nur durch Compagniecolonnen** gerecht werden kann.

Die Compagniecolonnen sind die Basis des Schützengefechtes und nur das im weitesten Sinne ausgebeutete Schützengefecht kann bei der Infanterie leisten, was von der Demonstrative verlangt wird. Jede mehr oder weniger geschlossene Ordnung drängt aus sich selbst heraus zur Entscheidung, nur die zerstreute Ordnung vermag derselben mit Leichtigkeit auszuweichen und doch immer damit zu drohen. Geschlossene und zerstreute Ordnung hier als Gegensätze für die Verwendung der einzelnen Glieder einer Gefechtsordnung, nicht wie oben in dem Gegensatz von Massen- und Einzelordnung für die Verwendung des einzelnen Mannes gebraucht.

In diesem Sinne — sagen wir — vermag die zerstreute Ordnung, als Gegensatz zur geschlossenen Ordnung, wie sie im Großen Offensive und Defensiv-Offensive verlangen, im hinhaltenden Gefechte allein erfolgreich aufzutreten; sie und nur sie kann eine defensiv behauptete Position räumen — und ist doch nicht geschlagen; sie und nur sie kann einen Anlauf zum Angriff nehmen — ohne sich dem Rückschlage einer mißlungenen Offensive auszusetzen.

Die weitere Folge dieser ersten Grundforderung wird die sein, daß sich die Truppenverwendung in allen diesen Gefechten durch eine relativ bei weitem größere Breitenausdehnung charakterisiren wird, als bei den beiden Hauptformen, welche jede in ihrer Art so hohen Werth auf die Concentrirtheit legen mußten.

Je nach dem kehrt bei allen diesen Engagements die Tendenz wieder: selbst zu sehen, oder das gesehn werden zu verhindern. Beide

---

*) Anm. Von der Schlachtverwendung der Cavallerie kann nicht die Rede sein in dieser Infanteriestudie.

Aufgaben aber verlangen immer eine gewisse Breitenausdehnung, können aber, da sie ja nirgend consequent auftreten wollen, die Tiefenausdehnung fast ganz entbehren, zumal wohl meistentheils in dieser Richtung ihre Hauptmacht, die Masse der Truppe, von der sie nur ein Bruchstück bilden, hinter ihnen steht.

Zwar werden auch sie, je größer ihre Verhältnisse überhaupt werden, desto weniger eines gewissen Rückhaltes ganz entbehren können. Immer aber wird ihre Kampfweise im Gegensatz zu den entscheidenden Formen nur das Bild einer ersten Linie und ev. einer für den äußersten Nothfall zurückgehaltenen Reserve zur Aufnahme darstellen.

Je mehr dieß Streben nach Breitenausdehnung sich geltend machen wird, desto schwieriger wird natürlich die einheitliche Leitung, desto selbstständiger müssen die nebeneinander stehenden Glieder werden resp. sein.

Die Aufgabe kann also auch der Oberleitung nur in großen Zügen, nicht wie bei Angriff und Abwehr für einen bestimmten (zu nehmenden oder zu behauptenden) Punkt gestellt werden; sie wird wiederum auch ihren Unterführern nicht wie dort ihre bestimmte Rolle, sondern nur ihren allgemeinen Auftrag geben können, und das wird sich fortpflanzen bis in die untersten Glieder vielleicht, von denen jedes allein möglicherweise in die Lage kommen kann, die ganze Aufgabe zu lösen.

Eine Patrouille, welche den günstigen Punkt erreicht, von wo die feindliche Stellung zu übersehen ist; eine Feldwacht, welche eine gefährliche Recognoscirung hindert; eine schwache Abtheilung, welche in der Defensiveinleitung oder im Arriéregardengefecht den Feind zur Entwickelung nöthigt, hat erreicht, was überhaupt erreicht werden soll und sie kann das unter Umständen, denn immer drehen sich die Aufgaben nicht sowohl um das Resultat des Kampfes an sich, als um örtliche und zeitliche Gewinne.

Mag selbst die eine Abtheilung darüber als Truppe vernichtet werden, alle anderen dabei nur Staffage gewesen sein — die Aufgabe ist doch gelöst!

Wäre das möglich ohne grundsätzlich andere Formen und

ohne grundsätzlich anderes Verfahren, als in den großen Massen-Entscheidungskämpfen?

Haben wir für die richtigste Form die mehr oder weniger weit auseinandergezogene Linie selbstständiger Compagniecolonnen gefunden, welche jede nach besten Kräften das allgemeine Ziel zu fördern hat, so wird sich für das Verfahren von selbst die indirekte Art ergeben. Zu schwach um direkt weder wirklicher Angriff noch absolute Abwehr sein zu können, werden die nebeneinander kämpfenden Abtheilungen sich gegenseitig durch Flankenwirkungen in die Hände arbeiten müssen. Jede einzelne wird mit Schwärmen auftreten, die höchste Feuerthätigkeit entwickeln, wo der Feind in Stärke sich zeigt, aber ungreifbar rasch verschwinden, um das Spiel an anderer Stelle neu zu versuchen, wo er sich gegen sie wendet, sei es, daß er einen Stoß gegen sie führen, oder durch ernsten Widerstand sie zu fesseln suchen will.

Die particellen Engagements treten an die Stelle der Einheitlichkeit, welche nur in dem allgemeinen Ziel vorhanden ist; damit aber auch die Gefahr partieller Niederlagen.

So mißlich für die Hauptaktionen, so nebensächlich aber sind hier diese Echecs; die Gefahr entsteht erst, wo man sich von hinten verführen läßt, dergleichen compromittirte Abtheilungen herausholen zu wollen und damit leicht gegen seinen Willen und gegen die immer zu bewahrende Klarheit des großen Hauptzweckes, in ein entscheidendes Engagement verwickelt zu werden.

Es klingt schroff, aber es muß doch Grundsatz bleiben: Die Compagniechefs, die die Ehren dieser Gefechte haben, müssen sie auch auf eigene Rechnung und Gefahr übernehmen.

Die Unterstützung liegt in den Nebenabtheilungen, auf Tiefe ist nicht zu rechnen.

Es kann vernünftiger Weise diesem Satze nicht die Deutung gegeben werden, als ob es nun auch absolute unumstößliche Regel sein solle, daß nie und nirgend eine Compagnie hinter einer anderen zurückgehalten werden dürfte, daß Alles in eine große Schützenlinie aufgelöst sein müsse u. s. f. Was hier gesagt sein soll, wenn man die Dinge abstract behandelt, eben nur gesagt — und verstanden — werden kann, ist einfach das: die Demonstrative kennt und darf nicht kennen: die Rücksichtslosigkeit des reinen Angriffs, der Alles einsetzt, noch die Zähigkeit der reinen Abwehr, die Alles opfert!

Hundertfach wird sich nach der Spezialaufgabe der jedesmaligen Demonstration, nach ihrer absoluten und relativen Stärke, nach dem Terrain, nach den Gegenmaaßregeln des Feindes dieses Verfahren ändern und modifiziren, darum eben haben wir für dasselbe die flüssige Form verlangt.

Wie dem aber auch immer sei — ganz anders wird sich hier, als in der Entscheidung das Kampfbild darstellen.

Was aber aus dem Ganzen noch als Schlußsatz resultirt, wird dieß durch seinen Gegensatz zu früher Gesagtem doppelt klar hervorheben, und keines weiteren Beweises mehr bedürfen: die Demonstrative, was sie auch wolle und solle, muß mit dem **Minimum** an (Infanterie-) Kräften auskommen!

Und so resümiren wir denn:

1) Jede zum Entscheidungskampfe bestimmte Truppenmacht hat das Bedürfniß, außer dieser Zeit vor- und nachher eine Reihe Nebenaufgaben gelöst zu sehen, welche meist nicht ohne Anwendung von Waffengewalt ausführbar, doch sehr wesentlich von dem Endziel jedes wirklichen Kampfes, dem entscheidenden Siege, entfernt sind.

Die ganze Reihe dieser Recognoscirungs-, Vorposten-, Einleitungs-Arrièregardengefechte kann unter dem Namen „demonstrative Gefechte" zusammengefaßt werden.

2) Es liegt in dem Interesse jeder Entscheidungstruppe, für diese demonstrativen Aufgaben jedesmal nur so wenig Kräfte als möglich und nur (an Infanterie!) was für den jedesmaligen Zweck nothwendig ist, zu verwenden.

3) Diese Truppen werden zwar im Allgemeinen bald defensiv, bald offensiv auftreten, da sie aber nirgend eine Entscheidung suchen, ihre Aufgabe vielmehr immer nur räumlicher oder zeitlicher

Art ist, werden sie nie wirklicher Angriff oder wirkliche Abwehr werden dürfen.

4) Um dem entsprechen zu können, müssen sie eine durchaus flüssige Form haben, die sich mehr in der Breitenrichtung ausdehnend, als in der Tiefenrichtung zusammenhaltend, nur aus einer ersten Linie und unter Umständen einer zurückgehaltenen Reserve zusammensetzen kann. Die Compagniecolonnenlienie und das Schützengefecht werden dem Zweck am besten entsprechen.

5) Bei der Flüssigkeit der Form kann die Leitung nur den einzelnen selbstständigen Gliedern ihren Auftrag im Allgemeinen stellen und ev. unterstützend eingreifen. Die Lösung wird mehr als sonst irgendwo von den Unterführern abhängen, aber unter Umständen auch von jedem Einzelnen geleistet werden können.

6) Das Verfahren im Ganzen wird immer nur ein indirektes sein dürfen, da jedes direkte Auftreten die Gefahr involvirt, gegen welche keine Remedur ist und sein kann, zu der nicht gewollten Waffen-Entscheidung zu führen.

Der glückliche Erfolg wird lediglich von der Gewandheit abhängen, mit welcher nebeneinander thätige Abtheilungen sich in die Hand arbeiten!

Soweit die Grundsätze, zum Schluß noch ein Wort.

Was da, wo in dieser Studie zuerst der Unterschied zwischen entscheidungsuchendem und nicht entscheidungsuchendem Kampfe aufgestellt wurde, gesagt war, daß diese Unterscheidung für die Ausbildungsgrundsätze unserer Infanterie von hoher Wichtigkeit sei, wird wohl durch nähere Betrachtung der verschiedenen Formen jetzt als erwiesen betrachtet werden können.

Zwar reglementarisch hat die Demonstrative den Anforderungen der beiden Hauptformen nichts hinzuzusetzen, sie kann, was dort verlangt und gewünscht ist, nur lediglich bestätigen. Wenn man sich aber auch nur oberflächlich — und hier, wo wir nicht über Ausbildung sprechen, kann das doch nur geschehen — die Anforderungen vergegenwärtigt, welche jede dieser Kampfweisen an unsere Infanterie stellt, so wird man einräumen müssen, daß dieselben gewaltiglich verschieden sind nach ihren Zielen.

Es will uns aber da bedünken, daß in der Friedensschule die kleineren Ziele begünstigter sind, als die großen.

Muß das, kann das nicht mindestens leicht dazu führen, daß man die großen Resultate auf dem Wege sucht, wo nur die kleinen zu finden?

Mit andern Worten, wird nicht der Felddienst, die Schlacht tödten?

Was in großen und markigen Zügen die Offensive und die Defensiv-Offensive verlangen, ist anders geartet, als jene bis in's Feinste ausgearbeitete Nüancirung, welche die Demonstrative erheischt.

Vom einzelnen Mann, durch die Unterführer bis zum Compagniechef hinauf wird die Detailausbildung (das sichere Schießen, die subtilste Terrainbenutzung, die vollständigste Herrschaft über jegliche Form, das rasche Verständniß jeder Andeutung) die Hauptsache sein, in der Fähigkeit des Bataillonscommandeurs seine Compagnien zu tummeln, culminiren, und was hierin geleistet wird auch weiterhin zu Gute kommen; von da an aber tritt die Massenausbildung in den Vordergrund, deren kleinstes Glied das Bataillon bis hinauf zur Division!

Nun fehlt es in der Armee in ersterer Richtung ja wahrlich nicht an Anleitung, Eifer und meist auch Verständniß, und fern liegt es uns, darin etwas schmälern zu wollen, in letzterer Beziehung aber wäre vor Allem mehr Zeit bringend erwünscht.

In wenig Tagen jährlich werden auf dem Exercierplatz die Regimenter (was allenfalls geht), und die Brigaden (die doch schon manövriren müssen) zusammengeschweißt, kaum ein bis zweimal tritt die Division (die Schlachteneinheit) zusammen. Die Manöver geben meist nur Bilder der zerstreuten Ordnung nicht des Massenauftretens zur Entscheidung!

Und dennoch: ist es nicht so außerordentlich schwierig grade Massen rechtzeitig verwenden zu können: Massen nach da und dort hin zu entwickeln; Massen zu gemeinsamem Handeln heranzubringen, mit einem Wort: Massen zu führen!

Möchte auch dazu Zeit und Gelegenheit sich finden lassen, damit nicht späterhin erst der Krieg dem Frieden lehren muß, was es ist um eine — Schlacht!

Inhalts-Verzeichniß.

	Seite
Einleitung	3
Erstes Kapitel. Offensive und Defensive	7
Zweites Kapitel. Die Offensive	12
Drittes Kapitel. Die Defensiv-Offensive	70
Viertes Kapitel. Das hinhaltende Gefecht (Die Demonstrative)	101